SCHLANK IM KLEIDERSCHRANK

Inge Dinge

KAMACO

SCHLANK IM KLEIDERSCHRANK

Die Dinge-Diät für Ihre Klamotten

Inge Dinge

ISBN-13: 978-1501048005
ISBN-10: 1501048007

Covergestaltung und Buchgestaltung:
Karina Matejcek und Markus Stolpmann, KAMACO

Bildrechte Cover: © Jeans: Vierdrie, Freeimages.com;
© Silhouette: Michal Zacharzewski (mzacha), stock.xchng, sxc.hu

Platzt Ihr Kleiderschrank aus allen Nähten? Und trotzdem plagt Sie immer das Gefühl, nichts Passendes zum Anziehen zu haben? Der Kleiderschrank erweist sich bei vielen als großer und nagender Problembereich.

Inge Dinge und ihren Freundinnen Karla, Moni, Petra und Vera ging es genauso. Als eingeschworene Dinge-Diät-Selbsthilfegruppe haben sie nicht nur wirklich praxisgerechte, umsetzbare Tipps zum Ausmisten und Optimieren des Kleiderschranks gesammelt. Sie verraten auch, warum unsere Kleiderschränke immer wieder zu Problemzonen mutieren und wie sich das vermeiden lässt.

Erfahren Sie, was Ihr Wunsch-Ich und Ihre Großmutter mit Ihrem Klamottenproblem zu tun haben und wie Moni es geschafft hat, auf einen ganzen Schrank zu verzichten, ihre Garderobe erfolgreich auf Diät gesetzt hat und das „Gewicht" jetzt erfolgreich hält. Und das Beste: *Sie können das auch, versprochen!*

Mit vielen leicht umsetzbaren Rezepten und Übungen für Ihre erfolgreiche *Dinge-Diät* im Kleiderschrank.

INHALTSVERZEICHNIS

DIE DINGE-DIÄT: WIE ALLES BEGANN

Hand aufs Herz: Wie oft haben Sie sich schon mit dem großen Müllsack bewaffnet und versucht, Ihre Wohnung oder Ihre Schränke endlich von all dem unnötigen Ballast zu befreien, der Sie schon so lange nervt? Und wie lange hat dieser gute Vorsatz gehalten, bevor sich wieder allerlei Kram angesammelt hat?

Sie sind nicht allein: Uns ging es genauso. Die Fehlschläge von uns fünf Mädels haben uns zu einer eingeschworenen Selbsthilfegruppe werden lassen: Die Dinge-Diät ist unser Versuch, unsere Wohnungen auf Diät zu setzen und von Konsumspeck und Wohlstandsballast zu befreien – und das Wohlfühlgewicht dann auch zu halten.

Wir, das sind Karla, Moni, Petra, Vera et moi, Inge. Ein zusammengewürfelter Haufen: Karla mit Mann „gut situiert" (wie sie mich für diese Plattitüde hasst), in etlichen Vereinen, tolles Haus mit viel Platz und allem, was dazugehört. Petra ist verheiratet, internetaffin, clever, ordnungsliebend und hat nicht nur einen Dekowahn, sondern auch eine pubertierende Tochter. Vera ist Single und außerhalb ihrer Miniwohnung immer auf der Suche nach Mr. Right. Moni hat ein Klamottenproblem und ist eine Büchernärrin, sie hat es aber geschafft, im Rahmen ihrer Dinge-Diät einen ganzen Kleiderschrank abzuschaffen. Und ich, die ich mit einem T-Shirt- und Gadget-hortenden Göttergatten versuche, unser kleines Heim in Schuss zu halten.

Nachdem uns die üblichen Versuche, einfach mal kräftig auszumisten und den einen oder anderen Aufräum- und Organisationstipp aus Internet, Zeitschriften oder Büchern zu übernehmen, immer wieder den *Jo-Jo-Effekt* beschert haben, sind wir eines Tages auf die Idee gekommen, uns an klassischen Diäten zu orientieren – mit Übungen zum Abspecken und Rezepten zum Gewichthalten. Und es hat funktioniert. Daher unsere Überzeugung: **Einmal auszumisten reicht nicht – gebraucht wird eine Dinge-Diät!**

Wir wollten uns endlich nicht mehr eingeengt fühlen von all dem Kram, der unsere Wohnungen und Schränke verstopft. Keine überquellenden Schuhschränke mehr, keine Küche, in der man vor lauter „Küchenhelfern" erst mal Platz schaffen muss, wenn man sich ein Brot schmieren will. Und weg mit all den Fehlkäufen, den Altlasten und grauenvollen Hochzeits-, Geburtstags- und Weihnachtsgeschenken.

Dabei haben wir festgestellt: Jeder hat seine ganz persönlichen Problemzonen und Speckbereiche in der Wohnung. Deswegen helfen platte Regeln nicht. Wir müssen verstehen, warum sich das Zeug in der Vergangenheit angesammelt hat, damit wir in Zukunft vermeiden können, wieder genauso alles zu horten. Wir müssen hinterfragen, was die Sachen für uns bedeuten oder mal bedeutet haben, um sie ohne schlechtes Gewissen loslassen zu können. *Wir müssen unsere Verhaltensmuster verstehen und verändern.*

Das alles nicht nur, um ein bisschen mehr Luft zum Atmen in unseren Wohnungen zu haben, obwohl der gewonnene Freiraum nicht nur physisch, sondern auch emotional entlastet. Vielmehr geht es auch darum, dass all dieser unnötige Besitz viel Geld kostet – Geld, das wir alle besser für die Verwirklichung unserer Träume einsetzen könnten. Das meiste Zeug in unseren Wohnungen haben wir uns irgendwann gekauft, wir alle fünf haben reichlich Erfahrung mit Frust-Shopping, Fehlkäufen und ungeplanten Einkaufstrips. Also haben wir auch gemeinsam daran gearbeitet. Uns hat die Dinge-Diät enorm geholfen, wobei wir uns immer auch gegenseitig unterstützen.

Irgendwann in Prosecco-Laune ist dann die Idee entstanden, ich könne doch unsere Erfahrungen und Erlebnisse in Buchform veröffentlichen. Ein Buchtitel musste her. Und da mein Mädchenname „Dinge" lautet, haben die anderen die „Dinge-Diät" geboren. Obwohl es eigentlich anfangs nur eine Prosecco-Idee war, habe ich tatsächlich *„Die Dinge-Diät: Leichter leben mit weniger Kram"* geschrieben. Natürlich mit tatkräftiger Hilfe von Karla, Moni, Petra und Vera. Und Karina und Markus von KAMACO. Ich lege Ihnen die Lektüre unbedingt ans Herz, wenn Sie das erste Buch noch nicht kennen.

Seit der Veröffentlichung lässt uns die Dinge-Diät nicht mehr los. Immer wieder werde ich gefragt: *„Wie habt ihr das gemacht?" „Was würdest du mir in meinem Fall raten?" „Kannst du das mit dem Kleiderschrank und den Klamotten genauer erklären?"* Tja, und so ist daraus als Ergänzung das Büchlein entstanden, das Sie gerade lesen.

Begleiten Sie uns auf unseren Abenteuern quer durch unsere Klamotten, mit dem Ziel, unseren Kleiderschrank auf Diät zu setzen und abzuspecken. Vielleicht werden Sie sich manchmal selbst wiedererkennen, auf jeden Fall aber lernen Sie, wie Ihre Garderobe „schlank im Schrank" wird – und bleibt.

Mehr zur Dinge-Diät, viele Tipps und meinen Newsletter finden Sie auch auf ingedinge.de. Ich freue mich auf Ihren Besuch!

Ihre Inge Dinge

Das sagen Leserinnen und Leser über „Die Dinge-Diät: Leichter leben mit weniger Kram“:

„Inge Dinge gibt mit viel Humor viele Tipps, um den Wohlstandsspeck in der Wohnung zu reduzieren. Ich fand das Buch sehr motivierend!“

„Unglaublich inspirierend“

„… gespickt mit Tipps“

„Am Ende des ersten Teils gibt es 8 klare Prinzipien, die man anwenden kann, um eine erfolgreiche Dinge Diät durchzuführen. Alle 8 Punkte habe ich in den letzten 8 Jahren hundertfach erprobt und ich kann aus voller Überzeugung sagen: Sie funktionieren alle!“
(ganzeinfachleben.wordpress.com)

„Sehr gut finde ich das letzte Kapitel mit seinen praktischen Tipps, wo sogar ich noch Neues gefunden habe, obwohl ich mich inzwischen zu den fortgeschrittenen Minimalisten zähle (…)“
(kunterbunt11.wordpress.com)

EINLEITUNG

Der Kleiderschrank ist (neben gelegentlichen Figurproblemen) die wohl häufigste Problemzone der berufstätigen Frau. Kleider- und Schuhschrank platzen aus allen Nähten, aber wir haben trotzdem nichts Passendes anzuziehen: Das Top passt nicht zur Hose, der Rock ist für diesen Anlass zu sexy, in der Bluse holt man sich den Tod und das Kostüm hatte man schon letzte Woche einmal an.

Bevor ich meinem Kleiderschrank eine Schlankheitskur verpasst habe, hatte ich Berge von Kleidungsstücken, zu denen ich eine Hassliebe empfunden habe. Eigentlich mehr Hass als Liebe, denn nach der ersten Begeisterung im Geschäft stellte sich oft schnell heraus, dass die Teile im Alltag nicht das hielten, was ich mir von ihnen versprochen hatte. Aber sie wegzuwerfen kam nicht infrage, schließlich war das Zeug teuer. Und wenn man es schon nicht jeden Tag anziehen kann, dann zumindest bei besonderen Gelegenheiten.

Als wir im Freundeskreis darüber gesprochen haben, kannte jede diese Situationen. Moni bestätigte: *„Und diese Gelegenheiten kommen dann doch nie. Nur wandern die Klamotten bei mir dann eben nicht in den Müllsack oder zum Secondhandladen, sondern geraten immer tiefer in den Kleiderschrank. Im Grunde kommt bei* *mir nie was weg, außer, es ist verschlissen. Aber wie sollen Sachen verschleißen, die man nie anzieht?“*

Wir konnten ihr alle nur beipflichten. Das Ergebnis ist dann, dass sich immer mehr ansammelt. Alles ist irgendwie noch „gut“, aber leider irgendwie nicht „passend“. Woran liegt das? Wir haben herausgefunden, dass das auch an unserem Kaufverhalten und unserem Selbstbild liegt ... aber dazu später mehr.

„Schlank im Kleiderschrank: Die Dinge-Diät für Ihre Klamotten“ ist mein zweiter Dinge-Diät-Ratgeber. Diesmal geht es ganz gezielt unserem Kleiderschrank an den Kragen: Wir specken überflüssigen Kleidungsballast ab.

Dabei ist mir besonders wichtig, dass die Tipps und Empfehlungen in diesem Buch *kein* starres Konzept bilden, dem Sie sich eins zu eins unterordnen müssen. Es geht darum, Handlungsmuster zu analysieren, Zusammenhänge zu erkennen, sich neue Ziele zu setzen und diese „nachhaltig“ in kleinen, praxisgerechten Schritten zu erreichen.

Warum speziell eine Dinge-Diät für den Kleiderschrank? Ganz einfach: Eine wichtige Erkenntnis aus unserer allgemeinen Dinge-Diät war, dass man sich kaum erfolgreich zur gleichen Zeit um alle Problemzonen kümmern kann. Besser ist es, sich einen Bereich nach dem anderen vorzunehmen und dort jeweils „klar Schiff“ zu machen.

In „Die Dinge-Diät: Leichter leben mit weniger Kram“ habe ich versucht, die wichtigsten Tipps und Anregungen für alle wichtigen Bereiche in der Wohnung zu geben. Aber seitdem werde ich immer wieder gefragt: *„Wie habt ihr das genau gemacht?“ „Wie hat deine Freundin auf einen ganzen Schrank verzichten können? Ich könnte das nicht!“ „Was hat Petra in deiner Küche genau verändert? Und was hat es gebracht?“*

All diese Fragen haben dazu geführt, dass wir uns entschieden haben, einzelne Bereiche getrennt zu betrachten. Das ermöglicht es auch, wesentlich stärker ins Detail zu gehen. In diesem Band geht es um einen Bereich, der fast überall Kopfschmerzen bereitet: **den Kleiderschrank**. Nichtsdestotrotz lege ich Ihnen natürlich auch *„Die Dinge-Diät“* ans Herz, da hier viele Zusammenhänge, Parallelen, Tipps und Rezepte behandelt werden, die den Speck in der eigenen Wohnung und den Kampf dagegen aus einer ganzheitlichen Perspektive beleuchten und unseren Erkenntnisprozess verdeutlichen.

Im Rahmen unserer Dinge-Diät haben wir festgestellt, dass vier Schritte wichtig sind, um den eigenen Kleiderschrank auf Diät zu setzen:

1. **Übersicht verschaffen**
   (Erkenntnis)

2. **Ballast ausmisten**
   (Reduktion)

3. **Übriges besser organisieren** und verstauen
   (Nutzen/Platzbedarf)

4. **Einkaufs- und Nutzungsverhalten anpassen**
   (Balance)

(Viele Tipps treffen übrigens auch auf die Garderobe von „ihm“ und den Kids zu.)

Dabei gibt es für uns keine fixen Regeln („Sie benötigen x Hosen“), denn schon bei uns fünfen haben wir gesehen, dass sich die Lebenskonzepte und Anforderungen individuell stark unterscheiden. Vera, immer noch auf der Suche nach Mr. Right, will durchaus mal so richtig sexy ausgehen, während Karlas Mann wohl eher etwas dagegen hätte, wenn sie die Karnevalskostüme durch ein brasilianisches Samba-Outfit ersetzt. Und viele von uns sind berufstätig in den unterschiedlichsten Positionen, müssen zum Teil auf Dienstreisen und zu Kundenterminen. Dazu kommen praktische Klamotten für die Freizeit und funktionale für den Sport. Petra träumt vom „Signature Dress", quasi eine Uniform à la Steve Jobs, die ihr ermöglicht, die ganze *„Und was soll ich heute anziehen?"*-Prozedur zu umgehen. Aber natürlich spricht ihr Kleiderschrank eine ganz andere Sprache. Sie sehen: Die Bandbreite ist enorm.

Was wir aber sehr wohl überall gefunden haben:

- **Verhaltensmuster**, die man durchschauen muss,
- **Tipps**, die helfen, Ordnung zu bewahren und die richtigen Outfits zu finden,
- sowie **Methoden**, um zu entscheiden, was sinnvoll und was nur unnötiger Ballast ist.

So hat Moni einen ganzen Kleiderschrank „eingespart", indem sie ihr Verhalten strikt verändert und überflüssige Klamotten entsorgt hat. Wenn ich das erzähle oder jemand davon liest, höre ich oft: *„Wie geht das? Das kann ich nicht!"*

Doch, Sie können das auch. Und nach der Lektüre wissen Sie hoffentlich nicht nur, wie, sondern fühlen sich auch motiviert und ermutigt, Ihr Kleiderschrankproblem zu lösen.

Viele haben einen Kleiderschrank, der aus allen Nähten platzt, werden aber trotzdem das Gefühl nicht los, nichts Passendes zum Anziehen zu haben. Sie sind also nicht allein. Es geht um die richtige *Einteilung* (um alles, was benötigt wird, gut und effektiv zu verstauen) und um die richtige *Einstellung* (um sich von dem zu trennen, was nicht nötig ist, und das Richtige zu kaufen und zu behalten). Also, auf zur Dinge-Diät im Kleiderschrank!

> *Ein Tipp:* Am besten lesen Sie diesen Ratgeber zunächst einmal durch und machen dabei die „Trockenübungen".

Danach gehen Sie alles noch einmal komplett durch und machen Sie sich an die praktische Umsetzung. Das hat insbesondere bei der Bestandsaufnahme in Schritt 1, beim Sortieren in Schritt 2 und bei der Neuorganisation der verbliebenen Teile in Schritt 3 den Vorteil, dass Sie vorab besser planen und die Schritte direkt hintereinander durchführen können.

Und noch etwas: Übernehmen Sie sich nicht! Wenn Sie sich mit realistischen Zielen nacheinander um einzelne Problemzonen kümmern, dann erzielen Sie schneller Erfolge und verzetteln sich nicht. Sie können unsere Tipps also auch adaptieren, indem Sie sich erst mal nur um Ihre Jacken und Mäntel kümmern – oder auch um die Klamotten der Kids. Wenn Sie sich so Schritt für Schritt voran arbeiten, erscheint die Aufgabe nicht so gewaltig, und durch die kleinen, aber sichtbaren Erfolge erhalten Sie Ihre Motivation aufrecht.

Für Ihre Notizen:

SCHRITT 1:

SELBSTERKENNTNIS – UND DANN: ALLES RAUS AUS DEN SCHRÄNKEN!

Bevor wir uns von Unnötigem trennen oder die wichtigen Dinge besser organisieren können, müssen wir uns erst mal einen Überblick verschaffen und uns klarmachen, was bislang schiefgelaufen ist. Verfallen Sie also nicht gleich in puren Aktionismus, sondern warten Sie mit dem Ausmisten, bis einige grundlegende Fragen geklärt sind.

Als wir mit der Dinge-Diät angefangen haben, hatten einige von uns schon Erfahrungen mit diversen Entrümpelungsratgebern und Aufräumtipps gemacht. Leider in der Summe meistens ziemlich erfolglos. Drei Aspekte waren uns deshalb bei unserer Dinge-Diät besonders wichtig:

- **Es hilft nichts, blind irgendwelche Regeln zu befolgen, ohne den Sinn dahinter zu verstehen.** Letztlich kann man das eigene Verhalten nur dann ändern, wenn man „versteht“, was da eigentlich genau abläuft. Dieser Erkenntnisprozess ist eine wichtige Voraussetzung für den Erfolg; alles andere ist nur Herumdoktern an den Symptomen, während die Ursache weiter besteht.

- **Jeder hat sein eigenes Leben und damit auch unterschiedliche Wertvorstellungen und Anforderungen.** Vera ist Single und lebt in einer Miniwohnung, Petra hat eine heranwachsende Tochter, Karla wohnt mit ihrem Mann fast schon in einer kleinen Villa, ich mit meinem Göttergatten in einem kleinen Häuschen. Die meisten von uns sind berufstätig, einige treiben viel Sport, andere weniger. Vera geht gerne auf Partys, ich lege lieber mal die Füße hoch. Jeder Mensch ist anders! Es gibt also nicht die eine Dinge-Diät, die für jeden passen würde. Vielmehr geht es darum, sich aus den Erkenntnissen, Anregungen, Rezepten und Übungen einen eigenen Diätplan zusammenzustellen.

- **Und schließlich – aber das kann für Sie schon wieder ganz anders sein – war für uns die Unterstützung in der Gruppe besonders wichtig:** Wir hatten alle schlechte Erfahrungen hinter uns, bei denen uns blindes Ausmisten in eine emotionale Krise geführt hatte. Oder es war von den scheinbaren Erfolgen schon nach drei Wochen nichts mehr zu sehen. In der Gruppe geben wir uns nicht nur gegenseitig Tipps, sondern auch viel Rückhalt.

Also keine Hektik. Kommen Sie mit mir erst einmal auf eine kleine Erkenntnisreise, bevor Sie Ihren Kleiderschrank leerräumen. Ich verspreche: Es lohnt sich!

Lassen Sie uns vorab ein paar Dinge klären: Wir kümmern uns hier vor allem um Kleidung. Wenn ich von „Kleiderschrank“ spreche, dann ist das vor allem ein Synonym für alle Plätze, an denen Sie Bekleidung, Schuhe, Accessoires usw. aufbewahren. Also alles, was man am Körper trägt. Daher gilt es im Rahmen unserer Dinge-Diät nicht, Dinge aus dem Kleiderschrank herauszunehmen und in eine Kommode zu stecken oder an den Garderobenhaken zu hängen.

Das würde ja nichts Wesentliches ändern.

Oft sind etliche Fächer im Kleiderschrank darüber hinaus voll mit Tisch- und Bettwäsche, Handtüchern und sogar Weihnachts- und Osterschmuck. Unsere Tipps beziehen sich vor allem auf die Bekleidung. Andere Dinge sind so lange okay, wie genügend Platz für die wirklich benötigten Kleidungsstücke bleibt.

Gut, dann schauen Sie sich doch gleich mal bei sich um: Wo überall verstecken sich Klamotten und Co.? Verblüffend viel Raum in unseren Wohnungen und Häusern wird von Kleidern besetzt!

Bei den Wohnungsbegehungen zu Beginn unserer Dinge-Diät haben wir beispielsweise im Vorzimmer die Garderobe, meist einen Schuhschrank und teilweise auch noch einen Wandschrank mit Stauraum bis unter die Decke vorgefunden, in dem dann auch diverse Übergangsjacken, Regenmäntel und Gummistiefel lagerten. Im Schlafzimmer hatte fast jede von uns mehrtürige Schränke voller Klamotten, eine sogar eine begehbare Garderobe (Neid!). Im Kinderzimmer gab es Schrank und Kommode. Sportkleidung, Wanderkleidung, Kleidung für die Gartenarbeit und alte Klamotten, die man beim Renovieren anzieht, versteckten sich manchmal gar im Keller. Dazu der Bademantel im Bad und der Skianzug auf dem Dachboden. Und wenn man genau hinschaute, sah man oft die Wäschestapel auf Stühlen, Hockern und dem Bügelbrett oder die frisch gebügelten Blusen und T-Shirts, die am Heimtrainer oder Schrank hingen, weil sie beim besten Willen nicht in den Schrank passten oder einfach gewohnheitsmäßig dort abgelegt wurden, weil man sie sowieso dauernd braucht.

Vergessen darf man in diesem Zusammenhang auch nicht Nachthemden und Pyjamas, Unterwäsche, Socken, Schuhe sowie die ganzen Accessoires wie Schals, Seidentücher, Gürtel usw. Und dabei hätte ich fast die Handschuhe vergessen. Karla hatte eine ganze Schublade davon, geerbt von ihrer Mutter und ihren Tanten, trägt aber fast nie welche. Weiter: Steht irgendwo in einem Abstellraum oder im Keller ein vergessener Schrank mit alten Wintermänteln oder sonstigen Mottenfängern? Gammelt im Wäschekorb etwas vor sich hin?

Wie sieht es bei Ihnen aus? Hat die Aufzählung in Ihnen Beklemmungen hervorgerufen? Schätzen Sie einfach mal grob, wie viele Teile so in Ihrer Wohnung zusammenkommen. Nutzen Sie das alles? Brauchen Sie das wirklich? Mehr noch: Wissen Sie überhaupt, was Sie im Detail in den Fächern und Schubladen Ihrer Schränke und Kommoden alles horten?

Karla hat den Begriff vom *Schrankmonster* geprägt: Wir füttern es mit Klamotten, die wir teilweise bis zum nächsten Umzug nie wieder sehen. Und tatsächlich haben Kleiderschränke etwas Mystisch-Unheimliches: In vielen Kinderbüchern verstecken sich dort die Monster oder hinter der Schrankwand befindet sich das Tor zu einer anderen Welt.

Leider: Die andere Welt hat keine von uns je gefunden. Und wir streiten noch immer darüber, ob wir das sockenfressende Monster eher in der Sockenschublade oder der Waschmaschine verorten.

Auf der anderen Seite habe ich als kleines Mädchen immer davon geträumt, vor einem riesigen Kleiderschrank zu stehen und mich nach Herzenslust verkleiden und in die unterschiedlichsten Rollen schlüpfen zu können. Und durch unsere Gespräche habe ich herausgefunden, dass ich bei Weitem nicht allein mit diesen Kindheitserinnerungen bin.

Als wir uns gemeinsam unsere Wohnungen angeschaut sowie die Problemzonen identifiziert haben, sind bei den meisten von uns hunderte Stücke zusammengekommen und auch viele Gefühle hochgekocht.

Bevor wir versuchen, unseren Kleiderschrank in den Griff zu bekommen, sollten wir uns vielleicht also erst einmal damit beschäftigen, was er für uns darstellt.

Der Kleiderschrank: Monster oder Modeboutique?

Nachdem ich eben schon ein wenig eingegrenzt habe, auf welche Bereiche wir uns hier konzentrieren wollen, sollten wir uns also erst mal ein paar Gedanken zum Kleiderschrank und seiner Funktion machen.

Im Rahmen der Dinge-Diät habe ich etwas ganz Wichtiges gelernt: *Alle Räume und alle Bereiche in der Wohnung haben eine Funktion.* **Zur Belastung wird etwas vor allem dann, wenn man es nicht seiner Funktion gemäß nutzt.**

Verdeutlichen wir uns das beispielsweise anhand des Vorraums oder Flurs: Der soll uns und Gäste in der Wohnung empfangen und willkommen heißen. Hier erfolgt der Übergang von der hektischen Welt draußen in das eigene Heim, das persönliche Reich. Fühlt man sich nicht willkommen oder erfüllt der Raum seine Übergangsfunktion nicht, dann wird der Raum zur Problemzone.

Ganz ähnlich ist es mit dem Kleiderschrank. *Auch der hat eine Funktion*, die er manchmal besser, oft aber schlechter erfüllt – weil wir ihn nicht funktionsgemäß einsetzen!

> AUFGABE:
>
> Was ist Ihr Kleiderschrank für Sie? Notieren Sie, welche Emotionen Sie mit ihm verbinden, welche positiven und negativen Aspekte Ihnen spontan in den Sinn kommen.

Ist Ihr Kleiderschrank wirklich ein KLEIDERschrank? Oder ist er ein Stauraum für alles Mögliche? Können Sie die Übersicht behalten über alle wichtigen Kleidungsstücke, die Sie regelmäßig benötigen? Oder verteilt sich Ihr Kleiderschrank in Wirklichkeit auf viele separate Bereiche oder ist so überfüllt, dass es unmöglich ist, die Übersicht zu bewahren?

Und dann träumen Sie einmal, wie *Ihr idealer Kleiderschrank* aussehen könnte. Schreiben Sie Ihre Wünsche auf. Eine entsprechende Vision zu haben hilft enorm, wenn es darum geht, Wichtiges von Überflüssigem zu unterscheiden und diesen Bereich besser zu organisieren.

Nehmen Sie sich ein paar Minuten Zeit, um die Übung wirklich durchzuführen. Anschließend verrate ich Ihnen, welche Erkenntnisse wir in diesem Prozess gesammelt haben.

Fertig? Klasse!

Für viele von uns war der Kleiderschrank vor der Dinge-Diät eher ein grausames Monster. Ein Moloch, in dem viel verschwand, aber nie das auftauchte, was man sich eigentlich wünschte. Auch ich habe meine Schränke eher als *Stauraum* empfunden, nicht als *Funktionsbereiche.* Manche Klamotten hatte ich zudem so schlecht organisiert, dass ich zwischen Schlaf- und Gästezimmer hätte wechseln müssen, um alle meine Oberteile vergleichen zu können. Aber auf das Thema Übersichtlichkeit und effiziente Organisation (die wichtigsten Funktionen eines „guten" Kleiderschranks) kommen wir später noch zurück.

Statt eines albtraumhaften „Monsters" oder „Molochs" hätten wir uns alle gewünscht, unser Kleiderschrank würde wie eine kleine, persönliche Modeboutique mit traumhaftem Inhalt fungieren. Und ich vermute stark, dass Ihre Idealvorstellung ganz ähnlich aussieht. Vielleicht träumen Sie auch von einer begehbaren Ankleide, in der sich alle Ihre Outfits (natürlich im perfekten Licht) präsentieren und Sie weder Platzsorgen haben müssen noch jemals den Überblick verlieren.

Okay, man darf ja mal träumen … Aber ganz ehrlich: *Wenn man nicht selbst etwas dazu tut, wird sich nicht nur dieser Wunsch nicht erfüllen, sondern gar nichts verändern.* Vielmehr wird es sogar schlimmer, weil immer wieder neue Sachen hinzukommen, während wir uns von dem Alten nicht trennen können oder wollen.

Eine wichtige Erkenntnis ist also, dass wir die Problemzone Kleiderschrank nur dann in den Griff bekommen, wenn wir dafür sorgen, dass er seine Funktion auch wirklich erfüllen kann, und gezielt daran arbeiten, dass unsere Vision irgendwann tatsächlich Realität werden kann. Von selbst passiert das jedenfalls nicht. *Und wenn wir unser Verhalten nicht ändern, dann wird sich auch am Zustand unseres Kleiderschranks nichts ändern.*

AUFGABE:

Ein kleines Gedankenspiel: Sie öffnen Ihren Kleiderschrank und zufällig hat sich eine fabelhaft aussehende gute Fee dort verirrt. (Warum müssen die eigentlich immer so gut aussehen?) Sie ist dankbar, dass Sie sie befreit haben, und möchte Ihnen etwas Gutes tun. (Was hat eine gute Fee auch anderes zu tun?) Sie stellt Sie vor die Wahl: Sie können sofort von ihr drei traumhafte Kleider bekommen, richtige Prinzessinnen-Outfits … sie passen Ihnen wie angegossen und sie sind tatsächlich geschenkt, kein versteckter Ratenkauf. Oder Sie bekommen 250 Euro bar auf die Hand … aber nur, wenn Sie sich von drei Teilen aus Ihrem Schrank jetzt sofort trennen. Was wählen Sie?

Früher hätte ich vermutlich die Klamotten genommen, die Fee nach ihrer Visitenkarte gefragt und sie auf einen Espresso oder Prosecco eingeladen. Heute würde ich lieber das Geld nehmen, denn dafür kann ich mir etwas gönnen, mit dem ich wirklich was anfangen kann. Was habe ich von tollen Klamotten, wenn sie doch nur im Schrank vergammeln und ich keine Gelegenheit habe, sie anzuziehen? Allerdings: Früher hätte ich zig Sachen im Schrank gehabt, von denen ich mich dringend hätte trennen sollen, heute ist das nicht mehr der Fall. *Und wie würden Sie sich entscheiden?*

Ordnung und Übersicht

Eine weitere wichtige Erkenntnis war für uns, dass das Chaos in unseren Kleiderschränken und an den diversen anderen Plätzen, an die wir „gerade nicht so dringend benötigte" Klamotten ausgelagert hatten, unser größtes Problem war. Vorher dachte ich eigentlich, dass ich vor allem nicht das Richtige besitze und mein Kleiderschrank einfach zu klein ist. Aber in Wirklichkeit habe ich oft schlicht nicht gewusst, *was ich überhaupt besitze*. Es fehlte die Übersicht. Und die gibt es nur, wenn alles gut geordnet ist.

Und da liegt oft der Hase im Pfeffer: *Ich habe meinen Kleiderschrank nicht als Ordnungssystem begriffen, sondern als Stauraum.* Aber wenn ich Dinge einfach irgendwie und vermeintlich platzsparend verstaue, kann ich nicht davon ausgehen, dass ich sie auch zur rechten Zeit finde. Das ist wie mit Dokumenten und Belegen: Wenn man die einfach in einen Karton schmeißt, sind sie zwar schnell aus dem Weg – aber wenn dann die Steuererklärung ansteht, dann geht die Sucherei los und man merkt, dass man im selbst produzierten Chaos ertrinkt. Also muss Ordnung her – damit werden wir uns im dritten Schritt noch ausführlich beschäftigen.

Testen Sie erst mal, wie gut es mit Ihrer Übersicht steht. Auch dazu wieder eine kleine Aufgabe, die wir das **Bestandslistenspiel** getauft haben.

AUFGABE:

Nehmen Sie sich ein Blatt Papier (oder noch besser: Nutzen Sie ein elektronisches Dokument auf Ihrem Computer oder Smartphone) und legen Sie eine Tabelle mit vier Spalten an. Überschrift für die erste Spalte ist „Was?“, für die zweite „geschätzt“, für die dritte „tatsächlich“ und über die vierte können Sie „Soll“ schreiben.

Jetzt schreiben Sie Zeile für Zeile in der ersten Spalte („Was?“) Kategorien von Kleidungsstücken auf, die Ihnen einfallen und die Sie besitzen. Also z.B. „Hosen“, „Röcke“, „Kleider“, „T-Shirts“, „Strümpfe“, „Schuhe“. Wie Sie die Kategorien wählen, ist Ihnen überlassen. Wenn Sie mögen, können Sie die Tabelle später jederzeit ergänzen oder anpassen (was bei einem elektronischen Dokument natürlich einfacher ist). Und in die zweite Spalte („geschätzt“) tragen Sie Ihren Schätzwert ein, wie viele Teile Sie jeweils davon besitzen. Die restlichen Spalten bleiben erst mal leer.

Schauen Sie dazu nicht in Ihre Schränke und Fächer. *Schätzen Sie einfach, so gut Sie können.* Später werden Sie Ihren Kleiderschrank komplett ausräumen und dann die tatsächliche Anzahl in der dritten Spalte notieren. Und dazu zusätzliche Zeilen für die Kategorien, die Ihnen beim Schätzen nicht eingefallen sind.

Ich gebe unumwunden zu, dass mir diese Übung enorm schwergefallen ist und ich mit meinen Schätzungen total danebenlag. Ich hatte sogar ein paar wichtige Kategorien komplett vergessen. Die Erkenntnis: **Ich kannte meinen Kleiderschrank beziehungsweise seinen Inhalt verdammt schlecht.**

Ordnung zu schaffen und auszumisten bedeutet daher auch, die Übersicht zurückzugewinnen. *Und sie zu behalten.* Das ist eines der wichtigsten Ziele unserer Dinge-Diät. Übersicht und Ordnung sind die entscheidenden Faktoren dafür, dass man mit einer optimalen Anzahl von Kleidungsstücken gut zurechtkommt. Und es verändert sich auch das Kaufverhalten: Wenn man genau weiß, was man hat, dann achtet man viel mehr auf Kombinationsfähigkeit und Einsatzmöglichkeiten. Dazu später noch mehr.

Die eigentliche Bestandsaufnahme

So, jetzt sind Sie bereit, dem Chaos ins Auge zu blicken. Nehmen Sie sich mindestens einen halben Tag Zeit, um Ihren Kleiderschrank komplett auszuräumen, die Tabelle zu ergänzen und sich einen vollständigen Überblick zu verschaffen.

> Hinweis
>
> Ich habe schon in der Einleitung erwähnt, dass Sie sich zunächst auch auf kleinere Bereiche beschränken können, wenn die Gesamtaufgabe wie ein gigantischer, unbezwingbarer Berg auf Sie wirkt. Fangen Sie beispielsweise mit den Oberteilen an, nehmen sich ein anderes Mal die Unterwäsche vor, dann die Hosen, die Schuhe usw. Immer gerade so viel, wie Sie „verkraften“ können.

Wir haben diese Bestandsaufnahme jeweils gemeinsam vorgenommen. Das geht schneller, weil alle anpacken können. Und es macht mehr Spaß – zumindest, wenn man genug Vertrauen zueinander hat und sich nicht geniert, die eigene Wäsche vor den anderen auszubreiten. Natürlich können Sie diesen Schritt auch allein machen, aber ich empfehle Ihnen, vor allem beim nachfolgenden Ausmisten auch den Rat Ihrer besten Freundin einzuholen.

(Ganz ehrlich: Ich habe natürlich vorher kurz in die Schränke und Fächer geschaut, um mich im Vorfeld gegen eventuelle Peinlichkeiten abzusichern. Aber im Grunde war die Sorge unnötig. Die eine oder andere scheinbar schlüpfrige Situation bei unseren Begehungen hat eigentlich nur zu manchem Lacher und dem Erzählen eigener Anekdoten geführt. Richtig peinlich wurde es nie, dazu kennen wir uns auch schon zu lange.)

Ganz wichtig in diesem Schritt: Nicht nur im Kleiderschrank und Schuhschrank befinden sich Kleidungsstücke. Schauen Sie sich genau in Ihrem Haus, Ihrer Wohnung um, wo überall sich Klamotten stapeln oder vor sich hin hängen. Haben Sie an die Garderobe oder Ablage im Vorzimmer gedacht? Wie sieht es aus mit Kommoden, Koffern auf Schränken, in denen sich oft alte „Schätzchen" verstecken, Garderobenhaken an Türen, hinter die keiner je guckt? Selbst in Garagen und Gartenhütten findet man oft längst vergessene Klamotten! Und bei einigen von uns war sogar das Auto ein ergiebiger Fundort für Klamotten und Schuhe.

Räumen Sie wirklich alle Schränke und Fächer aus, in denen sich Kleidungsstücke befinden. Sortieren Sie alles nach Kategorien: Hosen zu Hosen, Röcke zu Röcken, Blusen zu Blusen, Shirts zu Shirts, Unterwäsche zu Unterwäsche usw.

Treffen Sie noch keine Vorauswahl: Das Ausmisten erfolgt im zweiten Schritt. Wenn Sie fertig sind, nehmen Sie Ihre zuvor vorbereitete Tabelle zur Hand und tragen jetzt in der dritten Spalte ein, wie viele Teile Sie jeweils wirklich gefunden haben. Alles, was Sie bei der Übung zuvor komplett übersehen haben, ergänzen Sie nun Zeile für Zeile in Ihrer Tabelle.

Jetzt können Sie einschätzen, wie gut Ihr Überblick über Ihren Kleiderschrank wirklich war. Wie schon erwähnt: Ich hatte mich hoffnungslos verschätzt und rund die Hälfte der Dinge, die da aus meinem Kleiderschrank zutage gefördert wurden, komplett verdrängt.

Als wir diese Bestandsaufnahme durchgeführt haben, ist uns oft ein *„Oje, das habe ich auch noch“* herausgerutscht oder wir fühlten uns genötigt, uns vor den anderen, aber vor allem vor uns selbst, zu rechtfertigen. Aber mit der Zeit haben wir verstanden, dass Rechtfertigungen und schlechtes Gewissen völlig unnötig sind: Wir haben das Ganze ja nur deswegen angefangen, weil wir wussten, dass der Kleiderschrank zu unseren Problemzonen gehörte. Es ist also nicht zielführend, sich die Vergangenheit vorzuhalten und sich darüber zu grämen. *Ziel dieser Bestandsaufnahme ist es vielmehr, eine Grundlage zu schaffen, damit wir unser Verhalten zukünftig verändern und die Problemzonen so dauerhaft in den Griff bekommen.*

Warum nur, warum? Vergangenheit, Gegenwart, Zukunft

Es stellt sich die Frage nach dem Warum: Warum hat sich das alles angesammelt? Und warum fällt es uns so schwer, auf Dinge zu verzichten, selbst wenn wir sie seit Monaten oder Jahren nicht mehr getragen haben, sie uns nicht wirklich passen oder nicht unser Stil sind?

Das Chaos, das uns diese Bestandsaufnahme offenbart, hat sich nicht über Nacht ohne unser Zutun im Schrank materialisiert, *sondern wurde von uns zum Teil über viele Jahre zusammengetragen und gehortet.* Es ist damit unsere manifestierte Vergangenheit. Es ist unser Besitz, unser Schatz, den wir mit unserem schwer verdienten Geld mühsam angehäuft haben. Und mit vielen Anschaffungen, mit jedem Teil haben wir irgendeine Hoffnung verbunden.

Dabei war jeder Kauf eine Reaktion auf unsere jeweiligen Lebensumstände. So förderten wir aus meinem Schrank zwei komplette, fast nagelneue Laufdresse zutage, die mich daran erinnerten, dass ich einst unbedingt etwas für meine Fitness und meine Figur tun wollte. Tatsächlich kam es dann aber nie dazu. Wir haben Trauerkleidung ebenso gefunden wie Umstandsmode, T-Shirts von Konzertbesuchen ebenso wie Spitzenunterwäsche von Victoria's Secret. Manches wurde für eine anstehende Urlaubsreise angeschafft, für einen Geschäftstermin oder auch einfach, weil es eine einmalige Gelegenheit war oder weil man sich selbst belohnen oder trösten wollte.

Wichtig zu verstehen ist, dass der Kauf in einer konkreten Situation erfolgte und mit ihm ein bestimmtes Nutzungsszenario für die damalige Situation oder für die Zukunft verbunden wurde. Aber unsere Situation heute unterscheidet sich von derjenigen, die zum Kauf führte. Und die damalige Zukunftsvision ist aus heutiger Sicht Vergangenheit. *Es ist also völlig egal, ob wir etwas in der Vergangenheit getragen haben oder nicht: Entscheidend ist nur, ob wir es aus heutiger Sicht in Zukunft nutzen werden.*

Hintergrund: Warum wir Sachen horten und uns so schwer von ihnen trennen können

Die Bestandsaufnahme zeigt natürlich auch, dass wir uns oft nur sehr schwer von Dingen trennen können, selbst wenn wir sie nie nutzen. Gerade bei Bekleidung gibt es viele Gründe, warum wir Sachen aufhören zu tragen und immer weiter nach hinten in den Schrank verbannen.

Bei Kleidern gibt es relativ oft **Fehlkäufe**, die man dann ewig mit schlechtem Gewissen von links nach rechts hängt und sich nicht wegzugeben traut. Oder man wäre bereit, etwas wegzugeben, findet aber niemanden, dem man es vermachen kann, für die Altkleidertonne ist es aber zu schade. Oder man hat ein besonders „schönes“ Stück geerbt – einen Nerzmantel beispielsweise –, das man aus Gründen nicht anziehen will.

Außerdem ist der Kleiderschrank insgesamt oft *emotional beladen*: Man hebt Sachen auf, in die man irgendwann mal reinpasste und ja (ganz bestimmt!) wieder reinpassen wird. Oder Sachen, die für uns Symbole sind: das Hochzeitskleid (auch wenn die Hochzeit im letzten Moment geplatzt ist – oder gerade deswegen), Petras Ballettkostüm, die T-Shirts von Konzert- und Musical-Besuchen, Urlaubsmitbringsel usw.

Und dann sind da die *„Prinzessinnen-Dresse“*. So nenne ich die Klamotten, die wir uns kaufen, weil wir plötzlich glauben, zur nächsten Prinzessin, Lara Croft, zum Fotomodell oder zur Diva zu taugen, wenn wir uns nur in das richtige Outfit werfen. Und dieses Aas von Verkäuferin grinste auch noch süß und meinte: *„Wie für Sie gemacht!“* Kurz darauf (natürlich erst zu Hause) holt einen die Realität wieder ein, aber dann ist es zu spät. Natürlich traut man sich nicht, mit dem gewagten Outfit in die Öffentlichkeit zu gehen (höchstens zu Karneval). Aber es zurückzubringen kommt auch nicht in Frage: *Das käme einem kompletten Gesichtsverlust gleich.*

Und immer beschleicht uns natürlich das schlechte Gewissen, wenn wir etwas aussortieren sollen, das wir kaum getragen haben: Das ist doch noch total in Ordnung! (Klar, ich hatte es ja nie an!) Und das war sauteuer. Oder auch ein soooo günstiges Schnäppchen. Oder…

Es kostet Überwindung, aber es ist wichtig zu verstehen, dass nicht der Preis oder die ehemaligen Hoffnungen den Wert unserer Kleidung bestimmen, sondern allein der künftige Nutzwert. Die fünf Jahre alten Zwanzig-Euro-Jeans, die ich oft in der Freizeit trage, sind in dieser Hinsicht viel wertvoller als das schwarze Abendkleid, für das ich mal fast 800 Euro gezahlt habe, das ich genau einmal getragen habe und wohl auch nie mehr tragen werde, weil ich mich darin einfach nicht wohlfühle.

Verschiedene Größen für alle Gelegenheiten?

Petra hatte in ihrem Kleiderschrank nicht nur Klamotten für die unterschiedlichsten Gelegenheiten – sie hatte sie auch nach verschiedenen Kleidergrößen sortiert. Die Kleidergrößen entsprachen ihren unterschiedlichen Stadien bei diversen Diätbemühungen. 38 nach sechs Wochen Extremdiät, 40 als Normalgröße, 42 dann, wenn mal wieder Stress und Jo-Jo-Effekt zuschlugen. Und sogar ein paar alte Miniröcke in 36 (*„Ich bleibe optimistisch!“*).

Das Prinzip ist verständlich. Man tauscht ja nicht gleich die ganze Garderobe aus, wenn man mal ein paar Kilo abspeckt. Aber letztlich kommen so unheimlich viele Sachen zusammen, die unseren **Funktionstest** nicht bestehen würden. Wir schleppen sie mit, weil ja die Möglichkeit besteht, dass man sie noch mal brauchen könnte. Aber wie realistisch ist das wirklich?

Haben Sie auch bei Ihrer Bestandsaufnahme Klamotten aus allen möglichen Perioden Ihres Lebens gefunden? Schließen Sie ab mit der Vergangenheit! Was Ihnen heute nicht passt, werden Sie voraussichtlich in den nächsten Monaten auch nicht benötigen.

Und vergessen Sie auch diese Begründung: *„Aber das wird demnächst wieder modern. Bestimmt!“* Wird es nicht. Und selbst wenn mal eine ähnliche Mode aufkommen sollte: Man sieht dem Teil immer an, dass es nicht aus der aktuellen Kollektion ist, sondern ungefähr zehn Jahre alt.

Im Idealfall passen und stehen Ihnen alle Sachen aus Ihrem Kleiderschrank jetzt und hier. Und im Idealfall sind sie auch noch weitgehend zeitlos, so dass Sie sie auch in Zukunft jederzeit anziehen können, ohne einen Fauxpas zu begehen.

Das Ziel: Die Kontrolle zurückerobern

Die zweite Frage nach dem Warum, die man sich stellen kann (und sollte!), lautet: *Warum sollte ich am Status quo etwas ändern?*

Da Sie dieses Buch lesen, haben Sie vermutlich Ihren Kleiderschrank als Problemzone identifiziert. Der Status quo entspricht also nicht Ihrer Wunschvorstellung, oder? Schon das ist Grund genug, etwas zu ändern, denn schließlich ist das Leben zu kurz, um sich ständig über seinen Kleiderschrank ärgern zu müssen.

Aber das ist natürlich nicht alles. Ich habe die Mädels gefragt, was sie mit einer Dinge-Diät im Kleiderschrank verbinden:

> *„Weniger im Kleiderschrank bedeutet für mich auch* ***weniger Qual der Wahl****. Eine große Auswahl zu haben ist nicht immer vorteilhaft, vor allem, da ich mich dann immer frage, ob ich mich wirklich richtig entschieden habe. Und das bedeutet, dass meine Entscheidung, was ich zu einem bestimmten Anlass anziehen soll, leichter wird. Was wiederum bedeutet, dass ich* ***weniger Stress*** *habe und* ***Zeit gewinne****, die ich nicht mehr zweifelnd vor dem Kleiderschrank und dem Spiegel vergeude, nur um mich dann doch noch zweimal umzuziehen.“ – Petra*

> ***„Übersicht, Übersicht, Übersicht!*** *Eigentlich kombiniere ich gerne, um ‚meinem' Stil zu entsprechen. Aber früher hatte ich so viel, was einfach nicht zueinander passte. Ich habe alles rausgeschmissen, was irgendwie einen Kompromiss darstellte. Jetzt achte ich darauf, dass* ***alles zueinander***

> ***passt und sich kombinieren lässt**: 5 Hosen x 5 passende Oberteile x 5 Jacken bzw. Tücher oder Schals ergibt bis zu 125 verschiedene Kombinationen. Jetzt habe ich die Übersicht und kann mich bewusst für eine entscheiden – **keine Kompromisse** und **keine Zweifel** mehr." – Vera*

> *„Ich habe meine ganzen Sachen jetzt neu geordnet, was dazu führt, dass ich sie **schneller finde**, aber auch, dass ich **Geld spare**, weil ich mir weniger unnütze Klamotten kaufe. Früher habe ich einerseits viel spontaner zugeschlagen und andererseits zu Hause oft festgestellt, dass ich mir Stücke gekauft habe, die ich in ähnlicher Form schon besaß, an die ich mich nur nicht erinnerte. Oder Sachen, die ich dann doch nur ein- oder zweimal getragen habe und die dann ganz hinten im Schrank landeten, weil sie nicht bequem waren, zu leicht knitterten oder mal wieder keine brauchbaren Taschen hatten. Die neue Ordnung bedeutet, dass es **kein ‚hinten im Schrank' mehr** gibt. Ich merke mir, was ich regelmäßig trage. Und was ich nicht nutze, fliegt dann auch ganz schnell wieder raus, anstatt Platz zu belegen." – Karla*

Allerdings bedeutet das natürlich, dass man mit der Auswahl in seinem Kleiderschrank zufrieden sein muss. Moni ist so eine Kandidatin, die immer das Gefühl hatte, nicht das Passende zu besitzen. Sie hat nicht nur einen großen Teil ihrer Garderobe als „ungeeignet" eingestuft und jetzt entsorgt, sondern sich auch neue Sachen besorgt, die sie viel stärker *nach Nutzwert und Funktionalität ausgesucht* hat. Früher war sie die typische Impulskäuferin, die sich in exotischen Outfits sah, die sie dann doch höchstens einmal trug und die eigentlich gar nicht zu ihr passten. Aber weggeben konnte sie sie eben auch nicht, weil *„die sind ja noch gut"* und *„die haben ein Vermögen gekostet"*.

Für Ihre Notizen:

SCHRITT 2:

BALLAST ABWERFEN, AUSMISTEN – REDUKTION

Nachdem wir uns klargemacht haben, welches Ziel wir mit unserer Kleiderschrank-Dinge-Diät verfolgen, kann es jetzt richtig losgehen. ***In diesem Schritt misten wir rigoros aus!***

Die wichtigste Regel dabei: **Keine Gefangenen!**

Was meine ich damit? Wir alle neigen dazu, beim Ausmisten drei Kategorien zu bilden:

1. Kann weg!
2. Behalten!
3. Noch unentschieden.

Die dritte Kategorie ist die gefährliche. Das sind die „Gefangenen“. Denn letztlich läuft es darauf hinaus, dass immer mehr in der dritten Kategorie landet. Und dann sind wir so weit wie zuvor.

DAS HILFT UNS ALSO NICHT WEITER!

Daher brauchen wir ein anderes System.

Machen Sie sich unbedingt klar: Bevor Sie sich im nächsten Schritt ans Neuorganisieren machen, ist Ausmisten unerlässlich! Eine bessere Organisation Ihres Kleiderschranks hilft nämlich gar nichts, wenn sich darin die falschen Sachen befinden.

Unser Sortierprinzip: Die Kategorien

Beim Zusammentragen und Anschauen haben sich für Sie wahrscheinlich schon ein paar eindeutige Wegwerfkandidaten herauskristallisiert. Bevor Sie sich aber ans Ausmisten machen, sollten Sie folgende Kategorien definieren und dafür Platz schaffen:

- **Irrläufer**: Sachen, die nichts im Kleiderschrank verloren haben
- Klamotten für den **Müll**
- Klamotten zum **Weggeben**
- Klamotten zum **Aufarbeiten**
- Klamotten zum **Behalten**
- **Lieblingsstücke** (max. 15)
- Klamotten für den **Funktionstest**
- Alles, was dann übrig bleibt, kommt auf den Müll!

Wir haben uns für die Sortierung jeweils Plätze in genau dieser Reihenfolge geschaffen und sie auch mit Schildchen beschriftet. Diese Kategorien bauen aufeinander auf: Also ist alles, was in einen Kleiderschrank gehört, prinzipiell erst mal potenziell Müll, es sei denn, es kann seine Nützlichkeit beweisen und Sie können glaubhaft argumentieren, warum es nicht in den Müll gehört. Und so geht das Stufe für Stufe weiter.

Die Irrläufer

Sie werden vermutlich verblüffend viele Gegenstände finden, die eigentlich im Kleiderschrank gar nichts zu suchen haben. Die Weihnachtsdeko beispielsweise. Aber eigentlich gehören auch die Bett- und Tischwäsche sowie Handtücher und mehr nicht in den KLEIDERschrank.

Denken Sie daran, dass Sie einen funktionierenden Kleiderschrank haben wollen. Also sorgen Sie dafür, dass er seine Funktion auch optimal erfüllen kann. Definieren Sie ggf. einen anderen Bereich im Schrank dafür, aber trennen Sie die Bekleidung möglichst vom Rest.

Alles, was nicht zu Bekleidung und notwendigen Accessoires gehört, sich aber im Kleiderschrank anfindet, kommt in diese Kategorie. Nehmen Sie einen großen Karton und lagern Sie die Sachen dort zwischen. Aber kümmern Sie sich schnellstmöglich darum, für die Sachen den richtigen Ort zu finden und sie dort einzuräumen (oder auch zu entsorgen, wenn sie nicht mehr gebraucht werden), und lassen Sie den Karton nicht einfach irgendwo vor sich hin gammeln.

Die Müll-Kategorie

Jetzt haben wir wirklich nur noch mit unserer Kleidung zu kämpfen. *Als Nächstes sortieren wir alles aus, was sich als Junk erweist.* Hier lautet die zentrale Frage:

> *Ist das Teil kaputt, verschlissen, ausgeblichen, hoffnungslos unpraktisch, uralt, verdreckt ...?*

Falls ja, dann kommt es sofort auf den Müllhaufen! Stehen Sie dazu, dass mancher Stoff so unangenehm zu tragen oder Teile so hoffnungslos aus der Mode sind, dass Sie die Sachen guten Gewissens auch niemand anderem zumuten können.

Am besten packen Sie die Sachen gleich in einen schwarzen Sack. Aus den Augen, aus dem Sinn. Es kann nämlich ganz schön schmerzhaft sein, zu sehen, wie sich die Dinge hier türmen, vor allem, wenn man dann noch darüber nachdenkt, was sie mal gekostet haben. Versuchen Sie, diese Gedanken gar nicht erst an sich heranzulassen, es hat eh keinen Sinn.

Die Weggeben-Kategorie

Die nächste Entscheidung lautet: Kann ich das guten Gewissens jemand anderem zumuten? Bei der Weggeben-Kategorie stellen Sie sich deshalb folgende Fragen:

1. *Könnte ich das Teil, so wie es ist, einer Freundin oder im Secondhandladen anbieten oder in die Caritas-Sammlung geben*, ohne dass es mir peinlich ist und ohne ein schlechtes Gewissen haben zu müssen?

2. Falls ja: *Ist es bei allgemeinen Sachen länger als vier Monate her, dass ich das Teil genutzt habe*, bei Saisonartikeln bzw. Bekleidung für spezielle Anlässe (Beerdigung, Hochzeit...) länger als 14 Monate?

3. Falls ja: *Gehört es nicht zu meinen 15 Lieblingsstücken?*

Sind diese Kriterien erfüllt, dann kommt es auf einen großen Haufen. Später wird dann (eventuell gemeinsam) entschieden, was davon zur Tauschparty, in den Secondhandladen, auf den Flohmarkt, zur Caritas, auf den Kirchenbasar usw. soll. Wenn Sie diese Aktion mit ein paar Freundinnen durchführen, findet manches Teil vielleicht sogar gleich eine neue Besitzerin, bei der es besser aufgehoben ist als in Ihrem Kleiderschrank.

Die Aufarbeiten-Kategorie

Jetzt kümmern wir uns um die Teile, die im aktuellen Zustand nicht „in Schuss“ sind:

1. *Benötigt das Teil nur eine Reinigung oder eine kleine Anpassung/Änderung/Reparatur, damit es von Ihnen wieder regelmäßig genutzt werden wird?*

2. Falls ja: *Wirklich? Und lohnt sich der Aufwand?*

Teile, bei denen es sich nicht lohnt, sie wieder in Schuss zu bringen, wandern sofort in die Müll-Kategorie.

Und die Sachen, die in diese Kategorie fallen, kommen in einen eigenen Karton, nicht zurück in den Kleiderschrank! Erlauben Sie sich maximal vier Wochen, um sich der Aufbereitung dieser Dinge anzunehmen.

> *Den Karton stellen Sie am besten irgendwo hin, wo er Sie jeden Tag nervt. So vergessen Sie die Aufgabe nicht. Schreiben Sie auf den Karton dick und fett das Datum der Deadline: Was nach vier Wochen noch im Karton ist und nicht aufgearbeitet wurde, kommt rigoros auf den Müll!*

Die Aufbereitung kann darin bestehen, dass Sie selbst die Teile waschen oder reinigen, flicken oder in der Größe anpassen. Aber natürlich können Sie auch professionelle Unterstützung dafür suchen, Sie sollten aber darauf achten, dass Sie nicht mehr Geld und Zeit in das Stück investieren, als es wert ist.

Vermeiden Sie unbedingt, in diese Kategorie alles hineinzustopfen mit der Ausrede *„Das kann ich noch als Putzlappen verwenden“* oder *„Damit können die Kinder basteln“*. Ich weiß, dass uns unsere Eltern das so beigebracht haben, aber in den meisten Fällen ist das heute nicht mehr zeitgemäß und letztlich liegen die Sachen dann doch nur wieder ewig rum.

Die Behalten-Kategorie

So, jetzt sind nur noch Sachen übrig, die für den Müll zu schade waren, die noch völlig in Ordnung sind und die wir auch nicht weggeben wollen. Also alles klar, das ganze Zeug zurück in den Kleiderschrank? Halt! Nicht so schnell. **In unserer Behalten-Kategorie sammeln wir nur Teile, die folgende Kriterien erfüllen:**

- Für universelle Teile: *Haben Sie das Teil in den letzten vier Monaten mindestens dreimal getragen und sich dabei rundherum wohlgefühlt?*
- Bei Saisonartikeln (Winter, Sommer, Regen, Urlaub): *Haben Sie sie in den letzten 14 Monaten mindestens dreimal getragen und sich dabei rundherum wohlgefühlt?*
- Wenn es sich um einzelne Stücke handelt, die Sie für spezielle Gelegenheiten/Anlässe benötigen: *Werden Sie diese dann auch wirklich tragen? Tritt der Anlass in absehbarer Zeit garantiert auf? Ist der Anlass in den letzten 18 Monaten mindestens einmal eingetreten?*

> *Versuchen Sie, wirklich rational und begründet zu entscheiden, was in diese Kategorie kommt. Ich weiß, das ist oft schwierig. Aber der Erfolg hängt davon ab, dass Sie sich hier nicht selbst betrügen.*

Zugegeben: Nicht immer konnten wir uns genau daran erinnern, wann wir ein Teil zum letzten Mal getragen haben. Hier haben einige von uns sicher ein wenig geschummelt. Mittlerweile notiere ich mir allerdings für die verbliebenen Stücke in meinem Kleiderschrank ziemlich genau, wie häufig ich sie verwende. **Und was**

nicht verwendet wird, fliegt nach ein paar Monaten raus. Sie können sich gar nicht vorstellen, wie befreiend das sein kann.

Die 15 Lieblingsstücke

Wenn Sie in der vorherigen Kategorie ehrlich zu sich waren, kommt jetzt Ihre Lieblingskategorie: Jede von uns hat ein paar Stücke, an denen sie hängt, die aber trotzdem nur zu ganz besonderen Gelegenheiten genutzt werden. Deshalb haben wir festgelegt, dass jede ein paar Lieblingsstücke behalten darf, auch wenn das rational nicht zu begründen ist.

Mit manchen Stücken verbindet man einfach bestimmte Emotionen und Erlebnisse, sie sind einem lieb und teuer, so dass man es einfach nicht übers Herz bringt, sie zu entsorgen. Manchmal finden sich darunter die verschlissensten Klamotten, Sachen, die völlig unmodern sind oder die uns gar nicht mehr passen. Aber wenn das Herz an ihnen hängt, dann dürfen sie bleiben.

Allerdings, und das ist die Crux, haben wir diese Kategorie bewusst beschränkt. Sonst würde hier nämlich viel zu vieles landen, was wir dann erst recht wieder als (mentalen) Ballast mit uns rumschleppen. Also sind maximal 15 Lieblingsstücke erlaubt, die hier ohne Rechtfertigungsdruck ihr Überleben fristen dürfen.

Da die Einordnung in diese Kategorie völlig subjektiv ist, gibt es hier auch nur eine Frage: Ist noch Platz in dieser Kategorie? Spätestens, wenn Sie versuchen, das 16. Lieblingsstück zu retten, müssen Sie ein anderes aus dieser Kategorie entfernen.

Die Funktionstest-Kategorie

Wenn Sie das Ausmisten des Kleiderschranks mit Ihren Freundinnen zelebrieren, ist nach dem Verteilen auf die Kategorien Zeit für ein Glas Prosecco (die ganze Angelegenheit ist ja ziemlich trocken und staubig), und dann ist man auch gleich in der richtigen Stimmung, den Funktionstest anzuschließen und eine kleine „Modenschau" zu machen.

In der Funktionstest-Kategorie landete erst mal alles, was sonst nirgends einen Platz gefunden hat. Es handelt sich aber nur um eine kurze Zwischenstation. Die Dinge auf diesem Berg benutzen Sie nicht allzu regelmäßig, es sind keine absoluten Lieblingsstücke dabei, sie sind auf den ersten Blick völlig in Ordnung und es gibt keinen offensichtlichen Grund, sich von ihnen trennen. Sie müssen also prüfen, ob sie für Sie wirklich (noch) brauchbar sind.

Hier kommt der *Funktionstest* ins Spiel: Der sieht so aus, dass Sie diese Stücke anziehen und in der Öffentlichkeit tragen oder zumindest Ihren Freundinnen vorführen müssen. Erweisen sich die Sachen als zu klein, zu groß, zu unbequem, als nicht zu Ihnen passend oder als unpraktisch, dann gilt der Funktionstest als nicht bestanden. Das Gleiche gilt, wenn Sie sich in der Öffentlichkeit damit unwohl fühlen oder Ihre Freundinnen einhellig der Meinung sind, dass Ihnen die Sachen nicht stehen oder sie nicht zu Ihrem Stil oder Ihrer Figur passen. **Nur was den Funktionstest besteht, wandert aus dieser Kategorie in die Behalten-Kategorie.**

Ähnlich wie bei der Aufbereiten-Kategorie setzen Sie sich auch hier eine Frist von maximal vier Wochen. Danach muss die Kategorie mittels Funktionstest abgearbeitet und faktisch aufgelöst sein. *Was nach vier Wochen noch im Karton ist, wird weggegeben!*

So fällt das Ausmisten leichter

Das Aussortieren kann sehr anstrengend sein, man muss Dinge genau anschauen, teilweise anprobieren, es staubt und manchmal wird es emotional und man entwickelt diverse Widerstände. Nehmen Sie sich daher ausreichend Zeit, halten Sie Erfrischungen parat und legen Sie Pausen ein, wenn Sie sich gestresst oder überfordert fühlen.

Tipp:

Wenn Sie diesen Schritt für sich allein machen, dann beschränken Sie sich eventuell jeweils nur auf eine bestimmte Sorte, wie Hosen oder T-Shirts. Dann bleibt die Aufgabe überschaubar.

Ich persönlich bin begeistert davon, diese Aktionen mit meinen Freundinnen durchzuziehen. Das macht mehr Spaß, die Arbeit verteilt sich auf mehrere Hände und man kann die anderen nach ihrer Meinung fragen. Bei der Müll-Kategorie würde ich mich mittlerweile z.B. blind auf Karla verlassen: Sagt sie *„Das ist total verschlissen, das braucht kein Mensch mehr“* oder *„Oje, die Batik-Phase wirst du in den nächsten fünf Jahren bestimmt nicht mehr haben“*, dann brauche ich gar nicht mehr hinzuschauen.

Vera ist sogar noch weiter gegangen. Ganz beherzt hat sie es komplett uns überlassen, alles auszuräumen und den Müll schon mal wegzusortieren. Der kam in große, schwarze Säcke und sie wollte die Sachen nicht mal mehr sehen. Das ging allerdings auch deswegen so reibungslos, weil sie ihre 15 Lieblingsstücke (tatsächlich waren es bei ihr wohl nur acht) vorher in Sicherheit gebracht hatte.

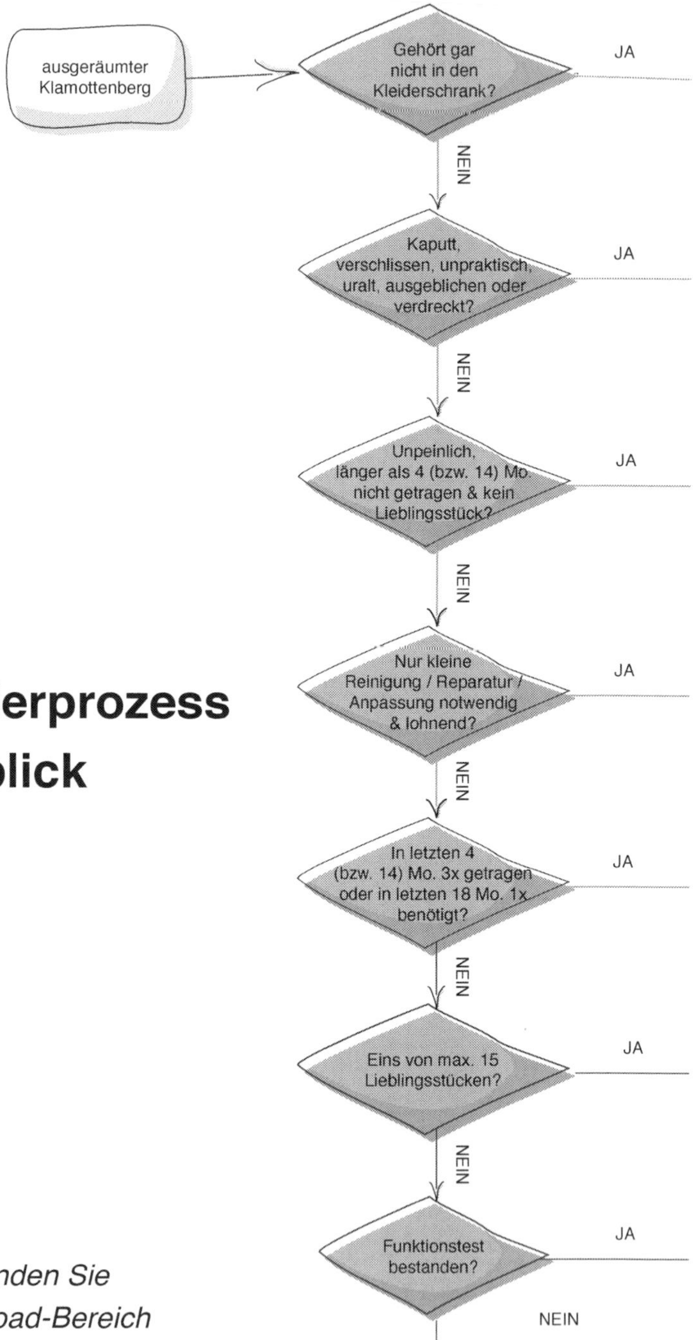

Der Sortierprozess im Überblick

(Diese Grafik finden Sie auch im Download-Bereich auf ingedinge.de.)

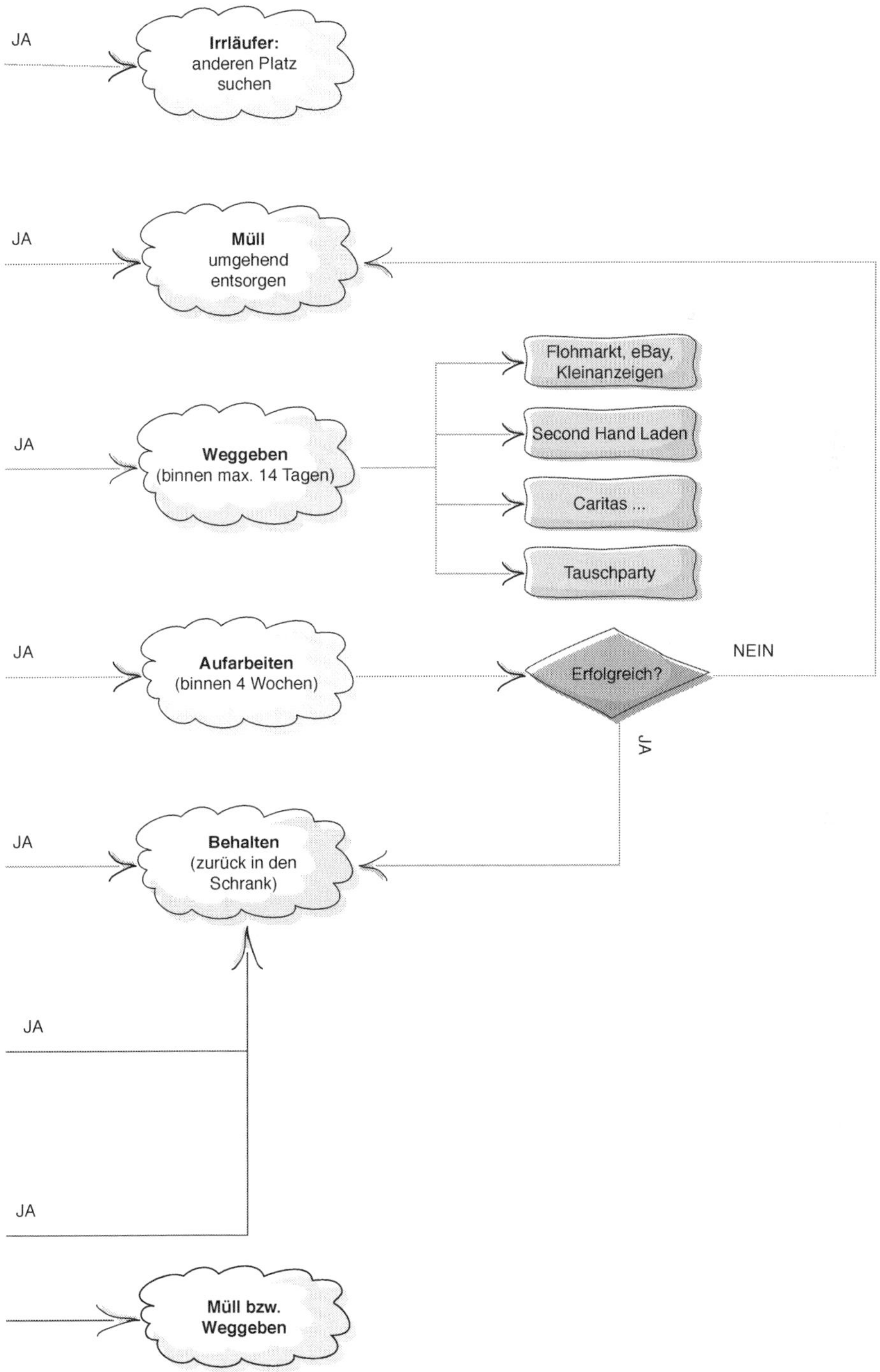
JA
Irrläufer:
anderen Platz
suchen
JA
Müll
umgehend
entsorgen
Flohmarkt, eBay,
Kleinanzeigen
JA
Weggeben
(binnen max. 14 Tagen)
Second Hand Laden
Caritas ...
Tauschparty
JA
Aufarbeiten
(binnen 4 Wochen)
Erfolgreich?
NEIN
JA
JA
Behalten
(zurück in den
Schrank)
JA
JA
Müll bzw.
Weggeben

Entscheidungshilfen: Behalten oder weggeben?

Nicht immer ist es leicht, sich endgültig zu entscheiden, ob man etwas behalten oder weggeben soll. Zwar habe ich versucht, die einzelnen Fragen möglichst prägnant zu formulieren, nachstehend finden Sie aber noch ein paar Hinweise, die Ihnen verdeutlichen, worauf Sie bei der Dinge-Diät für Ihren Kleiderschrank achten sollten.

Nudeln und Soße

Petra hatte einen extrem guten Tipp, was die Auswahl von Bekleidung einerseits und die Frage, ob man etwas behalten sollte oder nicht, andererseits betrifft: **Man braucht etwa 70 Prozent Nudeln und 30 Prozent Soße.**

Mit den Nudeln ist Ihre Basiskleidung gemeint, die alltagstauglich ist und untereinander gut kombiniert werden kann. Dazu kommt die Soße, sozusagen als Tüpfelchen auf dem *i*. Zusammen werden Nudeln und Soße dann zu einem leckeren Gericht *... ähm ...* ansprechenden Outfit. Ein schönes Seidentuch, ein Gürtel, die passenden Schuhe, eine Kette oder eine Handtasche: Soße. „Langweilige“ dunkle Hose, gut kombinierbares Shirt: Nudeln. Unterwäsche, Strümpfe: auch Nudeln. Auffälligeres Bling-Bling wie die strassbesetzte Designerjeans, die Bluse aus dem Spanienurlaub oder die Glitzersandalen sind sozusagen Premium-Soßen, die aber nur zu bestimmten festlichen Gelegenheiten gereicht werden und auch nicht zu allen Nudeln (oder anderen Soßen) passen.

Eine gutes Verhältnis im Kleiderschrank sind nun 70 Prozent gut kombinierbare Basisklamotten (Nudeln) und 30 Prozent Aufputz (Soße). Dann kommt man mit möglichst wenig Beklei-

dung aus, kombiniert einfach die Nudeln und Soßenvariationen immer wieder neu und die meisten Kombinationen sind tragbar. Nur das Bling-Bling, die Premium-Soße, tanzt ein wenig aus der Reihe und ist für besondere Momente reserviert. Aber diese Gelegenheiten sind selten, daher sollte der Premium-Anteil bei den Soßen auch gering sein.

Schauen Sie sich einmal Ihre Bestände genauer an: Was davon kann man wirklich als universelle Nudelbasis verwenden, das untereinander und mit den unterschiedlichen Soßen gut kombiniert werden kann? Wenn Sie ein ähnliches Sammelsurium besitzen wie die meisten von uns zu Beginn unserer Dinge-Diät, dann haben Sie relativ wenige neutrale Nudeln, eine Menge normaler Soße und erschreckend viel Bling-Bling-Premium-Soße. Aber vieles davon lässt sich nicht miteinander kombinieren, will man nicht unfreiwillig die Blicke auf sich ziehen.

Dummerweise habe ich mich früher vor allem darum gekümmert, mein Geld für Soße und Bling-Bling auszugeben. *Denn Nudeln kaufen ist ja langweilig.* Nudeln fallen einem in der Boutique auch nicht ins Auge. Was ins Auge fällt sind die Sachen, die dem Party-Girl, der Prinzessin, der Superheldin oder dem Model in uns schmeicheln würde. Nur sind wir in der Realität so selten als Party-Girl, Prinzessin, Superheldin oder Model gefragt.

Heute weiß ich, wie wichtig die richtige Nudelbasis *... ähm ...* die richtigen Basisklamotten sind. Und dementsprechend habe ich meinen Anteil an Soße reduziert und vor allem viel von dem heftigen Prinzessinnen- und Party-Girl-Bling-Bling, das ich eh nie getragen haben, radikal eliminiert. Beim Klamottenkauf versuche ich jetzt immer, die 70/30-Regel zu berücksichtigen und gezielt in die langweiligen, aber praxistauglichen und gut mit meinen restlichen Beständen kombinierbaren Nudeln zu investieren. Dann steht man nämlich nie vor dem überfüllten Kleiderschrank und stellt fest: *Ich habe gar nichts Passendes anzuziehen!*

Nutzungshäufigkeit

Kleidungsstücke, die Sie regelmäßig nutzen, sind prädestiniert dazu, sie zu behalten – mit der Ausnahme von Teilen, die eigentlich längst auseinanderfallen oder, wie bei einem meiner langjährigen Lieblings-T-Shirts passiert, ein Loch nach dem anderen bekommen. Irgendwann musste ich einsehen, dass es unrettbar verloren ist und selbst zum Herumlümmeln auf dem Sofa nicht mehr taugte, es war einfach nur noch *shabby*.

Viel schwieriger ist es bei solchen Stücken, die wir selten bis gar nicht nutzen. Unsere Erinnerung lässt uns da auch gerne mal im Stich. Im Zweifel können Sie die Post-it-Methode nutzen, die ich schon in „Die Dinge-Diät: Leichter leben mit weniger Kram“ vorgestellt habe:

> AUFGABE:
>
> Nehmen Sie ein Post-it, schreiben Sie das heutige Datum drauf und heften bzw. kleben Sie es an das fragliche Kleidungsstück. Das hat dann „Bewährungszeit“. Legen Sie einen Termin z.B. in 90 Tagen fest, bei dem Sie überprüfen, ob Sie dieses Kleidungsstück tatsächlich genutzt haben. Falls nicht, kommt es endgültig weg. Aber bitte: Solche Bewährungszeiten sollten Sie nur im Ausnahmefall in Betracht ziehen.

Wenn Sie ein so markiertes Kleidungsstück tragen, dann entfernen Sie das Post-it – oder noch besser: Sie notieren das aktuelle Datum auf dem Zettel und befestigen ihn nach dem Gebrauch wieder an dem Stück. So bekommen Sie schnell ein Gefühl dafür, welche Teile Sie wirklich nutzen und mit welcher Häufigkeit.

Natürlich gibt es Saisonartikel, die man nur im Sommer, in der Übergangszeit oder im Winter nutzt. Aber auch dann ist die Post-it-Methode sehr zu empfehlen.

Funktionstest

Der Funktionstest, bei dem Sie die Sachen, die Sie behalten wollen, tatsächlich einen Tag in der Praxis tragen müssen (oder zumindest bei einer Art „Modenschau“ Ihren kritischen Freundinnen vorführen), ist verblüffend wirkungsvoll und entlarvend.

Er lässt sich sogar bei Kindern einsetzen, die ihr angebliches Lieblings-Harry-Potter-Shirt dann plötzlich doch nicht zum Spielen oder zum Sport mit anderen anziehen wollen.

Aber beim Funktionstest geht es um mehr: **Wenn Sie ihn nicht nur in Form einer kurzen Modenschau durchführen, sondern die Sachen gezielt einen halben oder ganzen Tag anziehen, lernen Sie die Schwachstellen dieser Kleidungsstücke schnell kennen.** Ich habe Sachen aussortiert, die mir ausnehmend gut gefielen, die aber zu sehr knitterten, die sich nach ein paar Stunden in Bewegung einfach nicht mehr gut anfühlten oder bei denen mein Mann oder eine Freundin plötzlich sagte: *„Du weißt schon, dass man deinen BH durchscheinen sieht, oder?“*

Auch zu kleine oder zu große Klamotten kann man so schnell entlarven. Und kommen Sie mir nicht mit *„Aber wenn ich wieder fünf Kilo abnehme!“*. Wollen Sie sich wirklich genau auf die Größe dieser alten Hose hungern? Was, wenn Sie zehn Kilo abnehmen könnten? Hören Sie dann bei fünf Kilo auf, damit Sie in das Teil passen?

Stil

Wenn Sie sich zwischen verschiedenen Teilen entscheiden müssen, welche Sie behalten und welche Sie entsorgen

wollen, dann sollten Sie denen den Vorzug geben, die am besten Ihrem persönlichen Stil entsprechen.

Hier ein Satz von Moni, den ich total passend finde: *„Wenn ich früher vor dem Kleiderschrank stand und gejammert habe, dass ich gar nichts anzuziehen habe, dann war das, wie ich jetzt weiß, eigentlich nur der Ausdruck meiner Unsicherheit, mich in dem ganzen Haufen nicht zurechtzufinden, den Überblick verloren zu haben und meinen persönlichen Stil nicht zu kennen."*

Ich habe mir den Satz notiert, weil ich den Hinweis auf den persönlichen Stil in einem Atemzug mit dem Überblick ganz wichtig finde. Falls Sie mal in Paris, London oder New York unterwegs waren, werden Ihnen bestimmt die vielen gut gekleideten Frauen aufgefallen sein. Nein, nicht die Models und die Damen der High Society, sondern „ganz normale" Frauen, die aber offenbar genau ihren Stil gefunden haben. Die tragen keine Designermode, sondern ganz normale Sachen von der Stange. Sie können sie nur irgendwie verdammt gut kombinieren. Das meine ich mit „Stil".

Den eigenen Stil zu finden ist nicht leicht. Aber hören Sie in sich hinein, vertrauen Sie Ihrer inneren Stimme: Wenn man sich in den richtigen Klamotten sieht, merkt man das. Bauen Sie darauf auf!

Im ersten Schritt bedeutet das, bevorzugt solche Teile zu behalten, die nahe am eigenen Stil liegen. Und sich von jenen zu trennen, die vielleicht durchaus „nett" sind, aber nicht wirklich zu Ihnen passen. Wenn es darum geht, das eigene Verhalten anzupassen, werden Sie künftig Wert darauf legen, sich solche Teile zu beschaffen, die Ihren Stil noch besser unterstützen und zur Geltung bringen. Übrigens sind auch Tauschpartys dafür ein gutes Mittel: Die Sachen, die nicht zu Ihrem Stil passen, können perfekt zu dem einer Bekannten passen. Und umgekehrt.

Falls Sie noch gar kein Gefühl für Ihren eigenen Stil entwickelt haben, dann kann sich in diesem Zusammenhang auch eine Farb- und Stilberatung lohnen.

Kombinationsfähigkeit

Eng verbunden mit dem eigenen Stil ist die Frage, ob Ihre Garderobe aufeinander abgestimmt ist und sich die einzelnen Teile gut miteinander kombinieren lassen. Diese Kombinationsfähigkeit ist ein weiterer wichtiger Faktor, der Ihnen hilft, zu entscheiden, ob einzelne Teile bleiben oder gehen sollen.

> *Führen Sie sich vor Augen, dass Sie unendlich viele Kombinationsmöglichkeiten haben, wenn alle Teile zueinander passen. Mit wenigen Teilen erreichen Sie dann das maximale Ergebnis im Hinblick auf die Variationsvielfalt. Zudem können Sie sich viel entspannter vor den Kleiderschrank stellen, da Sie keine Angst haben müssen, eine „unmögliche" Kombination zu wählen.*

Je mehr Kleidungsstücke nicht zueinander passen, desto weniger Varianten bleiben Ihnen. Sie brauchen viel mehr Teile, um die gleiche Zahl von Kombinationsmöglichkeiten zu erreichen. *Achten Sie also bei der Auswahl und später beim Neukauf gezielt darauf, wie gut ein Stück zur restlichen Garderobe passt.*

Nutzwert

Letztlich stehen aber immer der Nutzwert und die Praxistauglichkeit im Mittelpunkt.

Wenn Sie nicht unbedingt eine Partynudel sind, dann brauchen Sie vielleicht in 40 Prozent der Zeit ein praktisches Business-Outfit, 30 Prozent für Freizeit und Haushalt, dazu noch 10 Prozent Sportklamotten. Für wirklich festliche Anlässe, Partys, Hochzeiten,

Beerdigungen und Sonstiges bleiben dann gesamt weniger als 20 Prozent.

Wenn Sie entscheiden, was Sie behalten sollen und was nicht, sollte das in einem ähnlichen Verhältnis zueinander stehen. Hinzu kommen noch klimatische Anforderungen: T-Shirt und dünne Hosen von April bis Oktober, warme Klamotten und Winterjacke von November bis März. (Die Angaben sind natürlich nur grobe Anhaltspunkte. Überlegen Sie, wie die Verhältnisse bei Ihnen aussehen.)

Behalten Sie nur Sachen, die wirklich zu dem Leben passen, das Sie leben! Ich habe mir früher einige tolle Strand-Outfits gekauft, war aber in meinem Leben genau dreimal im Urlaub am Meer (zumindest so, dass ich mal ein paar Strandtage erleben konnte). Wir neigen oft dazu, uns Kleidung zu kaufen für das Leben, das wir gerne führen würden, nicht für das, das wir tatsächlich leben!

Und dann gibt es noch die kleinen Katastrophen: Manches sieht im Laden und selbst noch im Kleiderschrank wirklich toll aus, ist aber im Alltag ein ziemlicher Reinfall. Ich kann ein Lied davon singen.

Aus leidvoller Erfahrung hier meine Top Five der Kriterien, die bei mir zum sofortigen Aussortieren eines Stücks führen:

1. **Röntgenblick:** Klamotten, die mehr preisgeben als sie verhüllen. Die zu durchsichtig sind oder zu intime Einblicke erlauben. Das kann der Stoff sein, der Schnitt, die Länge oder die Machart (grober Strick...). Manche Kleidungsstücke gewähren in bestimmten Situationen Einblicke (schicklich sitzen und bücken ist nicht meins, wenn es nur dem Outfit geschuldet ist), andere an Stellen, an denen man es nicht vermutet. Oder die Bluse, die zwar toll sitzt, aber im Laufe des Tages immer so was wie Schweißflecken (oder sind es Scheuerspuren?) unter den Armen hinterlässt und dann nicht mehr bewundernde, sondern irritierte Blicke provoziert.

2. **Gänsehaut:** Tolle Klamotten, die einen aber bei der leichtesten Abkühlung oder einer Klimaanlage frösteln lassen. Manchmal ist es ja praktisch, sich dann in die wärmenden Arme des Partners zu begeben oder den Gentleman dazu zu veranlassen, dass er einem seine Jacke umhängt. Aber meist ist es nur nervig, verdirbt die Laune und man hofft nur, dass der Chef jetzt nicht auch noch vor den Kollegen sagt: „Frau Dinge, alles in Ordnung? Sie sollten sich etwas überziehen."

3. **Taschenzwang:** Bestimmte Outfits, die fürchterlich unpraktisch sind, weil sie keine Taschen haben oder deren Taschen nur Fake-Applikationen sind. Da muss man dann immer eine Handtasche mitnehmen, selbst wenn man nur mal rasch zum Supermarkt fährt. Ich frage mich ja wirklich, was die Modedesigner glauben, wo frau das Handy oder den Autoschlüssel lassen soll, wenn sie so etwas trägt.

4. **Mimosen:** Alles, was so empfindlich ist, dass man sich darin kaum bewegen mag. Die tollen Hosen, in denen man sich nicht setzen darf, weil sie dann sofort verknittert sind. Ich hatte mal ein dunkelblaues Edeltop, das wie magisch jedes Staubkorn aus der Umgebung anzog. Petra fielen beim Durchlesen meiner Ergüsse die Mimosen ein, die separat gewaschen oder gar in die Reinigung gebracht werden müssen ... bevorzugt in weiß, so dass auf einmal Tragen einmal chemische Reinigung kommt.

5. **Standbilder:** Kleidungsstücke, die toll sind, solange man sich in ihnen nicht bewegt. Die Ärmel ziehen sich mit jeder Bewegung hoch – oder werden immer länger. Der Stoff des Kleides ist so glatt, dass man Angst hat, bei der kleinsten Bewegung unschicklich vom Stuhl zu rutschen. Oder die Rüschen und Applikationen sind völlig unpraktisch, man klappert oder klingelt bei jedem Schritt oder muss ständig fürchten, am nächsten Türgriff oder einer vorstehenden Kante hängen zu bleiben. Übrigens hatte ich das auch mal als Tasche: am Schultergurt zig

Schnallen und Dekoelemente mit Akustikeffekt. Immer, wenn ich sie bei einer Besprechung dabei hatte und aufstehen wollte, hatte sich entweder irgendwas am Stuhl verheddert oder ich machte einen solchen Lärm, dass es Big Ben zur Ehre gereicht hätte.

Und als ganz besonderen Bonus: Kleidungsstücke, die sich statisch aufladen und dann entweder knistern oder mir jedes Mal einen Schlag versetzen, wenn ich etwas Metallisches berühre.

Weg mit solchen Problemfällen,
auch wenn sie noch so nett aussehen!

Ob Sie die Welt vor diesen Teilen bewahren wollen, überlasse ich Ihnen. Verblüffenderweise gibt es für vieles durchaus Interessenten im Bekanntenkreis, auf Flohmärkten oder in Secondhandläden. Natürlich darf man dann aber nicht gerade mit den Schwachpunkten hausieren gehen.

Reparieren oder wegwerfen?

Schließlich gibt es noch die Sachen, von denen wir wissen, dass sie im aktuellen Zustand nicht wirklich zu gebrauchen sind: die Hose, bei der eine Gürtelschlaufe lose ist, die Bluse mit dem fehlenden Knopf, der Anorak mit dem klemmenden Reißverschluss und die Schuhe mit den abgelaufenen Absätzen finden sich in fast jedem Haushalt. Aber auch Klamotten, die nicht richtig passen und geändert werden müssten, gehören dazu, wie etwa die Hose, die längst gekürzt werden sollte. Und dann sind da die verschmutzten Sachen, die zum Teil selbst mit Fleckentferner und chemischer Reinigung kaum zu retten sind.

Eigentlich können 90 Prozent davon sofort weg, weil man sich ja doch nie darum kümmert. Eigentlich. Denn natürlich sitzt da wieder eine kleine Inge im Ohr und flüstert: *„Ach, komm, das machen wir gleich morgen. Oder übermorgen. Gar kein Problem."*

Fragen Sie sich grundsätzlich, ob die Instandsetzung wirklich gar kein Problem ist:

- Lohnt sich eine Reparatur wirklich? Unter welchen Umständen?
- Wer kann das machen, wenn man es selbst nicht kann oder will?
- Sind die benötigten Hilfsmittel und Kenntnisse vorhanden?
- Was kostet das? Finanziell, aber auch an Aufwand/Zeit?
- Und noch mal: Lohnt sich das also *wirklich*?

Wenn es keine befriedigenden Antworten auf diese Fragen gibt, dann weg damit! Und falls man eine Reparatur doch in Betracht zieht: Termin setzen, keine Verlängerung gewähren, es dann halt auch wirklich tun. Sonst liegt das kaputte Teil erst recht wieder herum. Zurück in den Schrank kommen jedenfalls nur noch Sachen, die völlig in Ordnung sind und die sofort angezogen werden können. *Und was bis zum Termin nicht repariert ist, kommt endgültig in die Tonne.*

Was tun mit den aussortierten Sachen?

Sehr oft werde ich gefragt, was man denn mit den aussortierten Sachen nun machen soll. Viele meinen, die Sachen wären ja zu schade, um sie auf den Müll zu geben, und zu wertvoll, um sie einfach zu verschenken. Ich hatte am Anfang auch solche Bedenken. *Aber mittlerweile habe ich eingesehen, dass ich damit meinem Wunsch nach einem „schlanken" Kleiderschrank keinen Gefallen tue.*

Das Problem ist nämlich, dass man dann viele Sachen doch (offen oder heimlich) behält. Mein Göga hat zu Beginn unserer Dinge-Diät löchrige T-Shirts wieder aus dem Müll geklaubt, weil er sie vor der Müllabfuhr retten wollte.

Ja, wir hängen alle irgendwie emotional an den Sachen. Und wir haben viel Geld dafür ausgegeben und die Dinge selten wirklich „ausgenutzt". Aber wenn wir uns beim Ausmisten selbst betrügen, dann kommt uns das teuer zu stehen: Unser Frust über den unpraktischen, überquellenden Kleiderschrank, das schlechte Gewissen beim Blick auf den Inhalt, die Gewissheit, mal wieder bei einer Dinge-Diät-Bemühung nicht durchgehalten zu haben, das alles schlägt sich aufs Gemüt, während uns der radikale Schnitt letztendlich von einer Last befreit.

Keine „zweite Chance"

In unserer kleinen Selbsthilfegruppe kommt immer mal wieder das Thema „Loslassen können" auf. Bei der gesamten Dinge-Diät, ja, bei allen Abspeck-Bemühungen ist es wichtig, sich von Dingen ohne Reue trennen zu können. Dummerweise ist das aber schwer. Auch mir gelingt das zweifellos nicht immer.

Wir haben festgestellt, dass wir alle zum „Zweite Chance"-Prinzip greifen, um uns vor dem endgültigen Abschied zu drücken. *Ja, das Kleid habe ich jahrelang nicht getragen, aber demnächst bestimmt. Ja, der Absatz ist defekt. Aber das muss ich nur mal reparieren lassen.*

Diese „zweiten Chancen", die wir den Dingen in unserem Besitz gerne einräumen, sorgen aber nur dafür, dass die Berge mit unnötigem Kram immer größer werden. Sie sind also mit für das Grundproblem verantwortlich. **Vor allem aber sind es Ausreden.** Ablenkungen. Im Grunde geht es nämlich nicht um die zweite Chance, die kommt vermutlich nie. **Es geht darum, sich nicht final**

entscheiden zu müssen. Es geht darum, das eigene Scheitern nicht einzugestehen.

Hat man das einmal durchschaut, dann fällt es leichter, sich von Dingen zu trennen, die man doch nie nutzt. Dabei geht es auch um Selbsttäuschung und Ent-Täuschung.

Ent-Täuschung im wahrsten Sinne des Wortes

Als wir nach dem Ausräumen, Einsammeln und Sortieren all die Dinge vor uns sahen, die in Schränken, Regalen, Schubladen und auf Garderoben geschlummert haben, beschlich uns wohl alle ein unangenehmes Gefühl. Einerseits lagen erhebliche Summen vor uns, zumindest in Kaufwerten, denn der Zeitwert war oft minimal. Auf der anderen Seite aber waberte etwas Seltsames über all diesem Kram.

All die Klamotten hatten wir uns gekauft, weil wir uns davon schöne Stunden versprochen hatten, die große Liebe oder das große Abenteuer damit verbanden, uns wie eine Party-Queen fühlen wollten oder plötzlich einen Anfall akuten Mangel an Fitness verspürten. Nur macht der Sportdress aus einem Couchpotatoe keine Marathonläuferin, wird man nicht zum Star des Abends, nur weil man das passende Kleid anhat, und die Safariweste ersetzt keine Urlaubsreise. Selbst die sexy Unterwäsche wirkt nicht wirklich, wenn es anderweitig in der Beziehung kriselt.

Stapelweise zu kleine oder einfach (auch stilistisch) nicht passende Klamotten, Schuhe und Accessoires zeugen von einem verschobenen Selbstbild, vergeblichen Fitness- und Diätbemühungen und von Lebensphasen, an die sich keine von uns wirklich gerne zurückerinnern möchte. Aber die Berge spiegeln auch Geburtstage und Weihnachtsfeste wider, bei denen man oft Sachen bekam, die man eigentlich nicht mal geschenkt haben wollte (aber auch nicht einfach weggeben konnte). Und es fanden sich Dinge, die von längst vergessenen Hobbys zeugten (Petras Ballettkostüm), von Selbstüberschätzung („*Jetzt werde ich das ändern*") und von Fehleinschätzungen („*Irgendwann kann ich das noch mal gut brauchen*").

Aber sind es die Dinge selbst, die uns enttäuscht haben? Vielleicht die High Heels, von denen wir uns den perfekten Auftritt versprochen hatten, den wir dann mit reichlich Blasen und wunden Zehen teuer bezahlen mussten. Aber meist müssen wir uns an die eigene Nase fassen: **Die Enttäuschung haben wir uns selbst zuzuschreiben!** Die nicht mal eingelaufenen Sportschuhe sind nicht der Grund dafür, dass wir dann doch nicht regelmäßig zum Joggen gegangen sind. Und das Kleid war nicht wirklich schuld, dass ein tiefer Graben zwischen Wunschtraum und Realität klaffte und es danach auf ewig hinten im Schrank verschwand.

Gestehen wir es uns ein: Wir selbst sind verantwortlich. Und es ist unsere ureigenste Enttäuschung, die über dem ganzen Kram wabert. Deshalb verschließen wir auch so gerne die Augen vor all dem Zeug: Es erinnert uns an unser Versagen. Entsorgen wir diese Dinge, dann machen wir es amtlich: Wir sind gescheitert! Unsere Auswahl und unsere Einschätzung waren fehlerhaft! Wir haben nicht nur Geld vergeudet, sondern auch unsere Hoffnungen, Wünsche und Ideale verraten!

Doch halt, verfallen wir jetzt nicht in Depressionen. In der *„Enttäuschung"* steckt die *„Täuschung"* – wir haben uns getäuscht. Bei der Einschätzung der Situation, in uns selbst. **Sich zu täuschen ist ganz normal. Sie wären kein Mensch, würden Sie sich nicht mehr oder weniger häufig täuschen.** Also Kopf hoch!

> *Um die Enttäuschung zu überwinden, sich ihr zu stellen und das Kapitel abzuschließen, ist es notwendig, dass Sie sich die Täuschung eingestehen und sie überwinden. Sie müssen sich im wahrsten Sinne des Wortes „ent-täuschen". Entlarven Sie die Täuschung und schließen Sie mit dem*

Kapitel ab. Wenn Ihnen das gelingt, fällt es Ihnen leicht, sich von dem überflüssigen Kram ohne Reue zu trennen.

Die Erziehungstipps unserer Mütter und Großmütter

Aber meine Mutter hat mir immer gesagt, dass man gute Sachen nicht wegwirft. Und dass man aus kaputten Kleidern noch Putzlappen und Bastelmaterial machen kann. Ja, das hat meine Mutter mir auch beigebracht. Und die hat es von ihrer Mutter. **Aber damals gab es noch nicht die Überflussgesellschaft, in der wir heute leben.**

Meine Mutter (und erst recht meine Großmutter) sind in einer Zeit aufgewachsen, in der man keinen Kleiderschrank mit zwanzig Blusen, dreißig T-Shirts und fünfzig Paar Strümpfen sein Eigen nannte. Das Konfirmationskleid musste für Jahre als „bestes Stück" herhalten und im Alltag hatten sie gerade einmal genug Arbeitskleidung, dass ein Kleid gewaschen werden konnte, während man das andere trug. Damals war Kleidung teuer und „Mode" war in dem Sinne, in dem wir sie heute verstehen, im Grunde für die Alltagskleidung noch nicht erfunden. Notfalls wurde geändert, geflickt oder nach Burda-Schnittmusterbögen selbst geschneidert. Das alles ist heute anders: **Mode ist zur Wegwerfware geworden** (und wird zum Teil auch so produziert, dass sie nach der dritten Wäsche völlig unansehnlich ist).

Und die Geschichte mit den Putzlappen und dem Bastelmaterial? Heute gibt es so gute Spezialprodukte (Mikrofasertücher, Staubmagneten, supersaugfähige Schwämme…), dass man sich über die selbst zurechtgeschnittenen Putzlappen nur ärgert. Mehr noch: Früher war die Kleidung noch aus robustem Baumwollstoff, Leinen und anderen Naturfasern – und entsprechend als Putzhilfe geeignet. Heute hat man meist leichte Spezialfasern, die weder ausreichend saugfähig sind noch eine gute Reinigungswirkung haben. Also sparen Sie sich die Mühe! Und basteln? Ehrlich: Wann haben Sie das letzte Mal allein oder mit Ihren Kindern mit Stoff gebastelt? Und wenn es doch mal ansteht: Notfalls findet sich da immer auf die Schnelle irgendwas in der Resteecke bei Ikea.

Aus den Augen, aus dem Sinn

Aus Erfahrung kann ich sagen, dass das Ausmisten um so schwieriger wird, je länger es sich hinzieht. **Also schnell entscheiden und dann handeln.**

Bei der Müll-Kategorie ist das einfach: Alles in einen großen schwarzen Sack und entweder das nächste Mal mit der normalen Abfuhr loswerden oder aber gleich zur Deponie bringen und dort abgeben (wenn die Mengen die normale Tonne verstopfen würden). Keinesfalls sollten Sie den Fehler machen, den ich am Anfang gemacht habe: die Sachen im Keller stehen lassen. Die Idee war eigentlich clever: *Dann kann ich jederzeit was dazupacken, wenn ich noch was finde. Und dann schmeiße ich jede Woche ein paar Teile in den Hausmüll.*

Ich würde jetzt ja gerne guten Gewissens behaupten, dass das allein an meinem Göga gescheitert ist, der dann wieder alles Mögliche aus dem schwarzen Sack klaubte. Tat er ja auch. Aber ehrlicherweise muss ich zugeben, dass ich auch immer am Zweifeln war, ob ich nicht doch noch etwas davon brauchen könnte, wenn ich im Keller den Sack mit den Sachen sah.

> *Daher: So schnell wie möglich weg damit! Ideal ist es, wenn man gar keine Gelegenheit mehr hat, die ausrangierten Sachen ein zweites Mal anzuschauen. Dann erinnert man sich nämlich an den Großteil der Dinge später gar nicht mehr und kann sie deshalb auch nicht vermissen.*

Mittlerweile empfehle ich Bekannten deshalb sogar, beim Ausmisten die für die Müll-Kategorie identifizierten Sachen sofort einer hilfsbereiten Freundin in die Hand zu geben, die sie dann in den Sack stopft und diesen nach der Aktion gleich mitnimmt.

Die Weggeben-Kategorie macht es uns leider nicht immer so einfach: Irgendwer muss sich die Sachen noch einmal anschauen und entscheiden, was wie verwertet werden soll. Prinzipiell sind die Möglichkeiten breit gestreut, beispielsweise:

- **Altkleider-Container/Altkleider-Sammlung:** die schnelle Variante; *Vorsicht:* Nicht alle Akteure haben „Gutes" im Sinn, mit den Spenden werden Geschäfte gemacht. So werden die gespendeten Kleidungsstücke teilweise zu Füllmaterial für die Industrie oder landen auf einem Textilmarkt in Afrika.

- **Caritas- oder Sozialladen:** nehmen das ganze Jahr Spenden an, auch in größeren Mengen. Die Sachen sollten gut erhalten und sauber sein.

- **Kirchenbasar:** sucht meist ein- bis zweimal im Jahr kostenlose Kleiderspenden.

- **Verkauf über eBay:** für neuwertige, hochpreisige Stücke, die sich gut online anbieten lassen.

- **Professionelle Aufkäufer (via Internet):** zahlen nach Gewicht und Zustand, nehmen nicht alles; Sachen müssen meist hingeschickt werden, finanziell kaum lohnend.

- **Kleinanzeigen (verkaufen oder verschenken):** mühsam, da Aufwand für jedes Stück.

- **Flohmarkt:** bei ausreichender Menge, ggf. mit Freundinnen zusammen; auch gut geeignet für Kinder, die ihre eigenen Sachen verscherbeln dürfen.

- **Secondhandladen:** für quasi neuwertige, teure/edle Stücke.
- **Tauschparty** bzw. gezielt im Bekanntenkreis fragen, ob Interesse besteht, dabei immer klar dazusagen, dass sie es nicht nehmen „müssen".

Es hängt also von den Stücken selbst und von dem Aufwand und der eigenen Erwartungshaltung ab, welche Verwertungsmöglichkeit man bevorzugt. **Keinesfalls sollte man aber vor allem auf den eigenen finanziellen Vorteil hoffen:** Im Vergleich zum Neupreis und dem Aufwand, den Verkauf vorzubereiten, ist der erzielbare Erlös bei den allermeisten Teilen erschreckend niedrig. Wenn Sie natürlich stapelweise Designer-Klamotten loswerden wollen, sieht das ein wenig besser aus.

Generell gilt auch hier wieder: Je schneller die Sachen aus dem Haus sind, umso kürzer ist die Trauerphase!

Kleine Checkliste für Zweifelsfälle

Sie sind noch immer unsicher, ob Sie ein bestimmtes Kleidungsstück behalten oder weggeben sollen? In den meisten Fällen ist der Zweifel ein Indiz dafür, dass Sie das Teil nicht wirklich benötigen. Aber stellen Sie sich einfach folgende Kontrollfragen, die helfen, die richtige Entscheidung zu treffen:

1. Wann habe ich das zum letzten Mal getragen?

Wenn es nicht allzu lange her ist: aufbewahren.

Wenn es länger als 14 Monate zurückliegt:

2. Werde ich es in Zukunft tragen?

Wenn „ganz sicher": aufbewahren.

Wenn nein: weggeben.

Wenn die Antwort eher „vielleicht" lautet:

3. War es so teuer bzw. einzigartig, dass ich mir nicht leisten kann oder es mir voraussichtlich nicht gelingt, Ersatz zu besorgen?

Falls ja: aufbewahren.

Falls nein: weggeben und im Fall des Falles Ersatz besorgen. (Fall tritt wahrscheinlich ohnehin nicht ein.)

Wenn Sie ein solches Zweifel-Teil aufbewahren, ist es sozusagen „auf Bewährung". Legen Sie in diesem Fall immer fest, wann Sie sich die Prüffragen noch mal stellen werden. Setzen Sie dazu ein Datum fest und notieren Sie das auf Ihrem Kalender oder lassen Sie sich von Ihrem Smartphone erinnern.

„Aber das kann ich doch nicht weggeben!"

(Wenn Sie loslassen konnten, dann können Sie den Rest dieses Kapitels überspringen und zu Schritt 3 übergehen. Wenn Sie noch bei einigen Teilen Widerstände verspüren, dann lesen Sie weiter.)

Ich habe mir schon oft den Mund fusselig geredet zu dem Thema, aber manchmal weigert sich unser Unterbewusstsein beharrlich, loszulassen. Und dann hören wir uns an wie eine kaputte Schallplatte. Oft haben wir Sätze gehört oder selbst gesagt wie *„Aber das kann ich doch nicht weggeben!"*, *„Das ist doch noch gut!"*. Oder auch *„Aber das ist ein Lieblingsstück von mir!" und „Das trage ich noch regelmäßig!"*.

Sie sind nicht allein, wenn Sie so reagieren! Uns allen fällt es schwer, uns von Sachen zu trennen, von denen wir mal ganz begeistert waren und die vielleicht auch noch teuer waren oder an denen unsere Erinnerungen oder Hoffnungen hängen. **Aber hier entscheidet sich der Erfolg oder Misserfolg der Dinge-Diät im Kleiderschrank.** Wenn Sie noch immer zögern, dann gehen Sie die folgenden Fragen noch einmal durch und seien Sie extrem ehrlich zu sich selbst:

- Da das Teil nicht auf dem Haufen mit Ihren Lieblingsstücken gelandet ist, muss es mindestens das 16. Stück sein, das Sie „retten" wollen: *Haben Sie wirklich mehr als 15 Lieblingsstücke, so dass diese Kategorie nicht ausreichte? Oder ist es nur so, dass Sie sentimental an dem Stück hängen?*

- Und wie sieht es wirklich mit der Nutzung aus: *Tragen Sie das betreffende Stück wirklich regelmäßig, oder bilden Sie sich das nur ein?* Seien Sie ehrlich zu sich – wenn Sie bei der Dinge-Diät mogeln, dann betrügen Sie nur sich selbst.

Falls Sie das Stück tatsächlich häufig tragen oder es eines der 15 Lieblingsstücke ist: Behalten Sie es, aber dann stellen Sie ein anderes Kleidungsstück dafür auf den Prüfstand.

Falls nein: **Doch, in diesem Fall können Sie das Teil loslassen. Und für Ihr eigenes Wohlbefinden müssen Sie es auch, denn was zu viel ist, ist zu viel.**

Gehen Sie in sich: Was hält Sie *wirklich* ab, das Teil wegzugeben?

- *Sind es die Kosten?* Den Preis haben Sie eh schon bezahlt, der Zeitwert sinkt laufend. Also lieber versuchen, es jetzt noch loszuwerden, bevor es wirklich nur noch für den Müll taugt.

- *Ist es die emotionale Bindung zu diesem Kleidungsstück?* Nicht das Teil selbst ist dann entscheidend, das ist nur ein Symbol.

Beschäftigen Sie sich mit dem Thema dahinter. Es gibt dann irgendeine nicht komplett verarbeitete Situation in Ihrem Leben, die Sie aufarbeiten sollten. Das typische Klischee ist hier das Brautkleid der geplatzten Hochzeit. Aber wir haben alle unerfüllte Sehnsüchte und Hoffnungen, schmerzhafte Erlebnisse und geplatzte Träume in unserem Leben, die auch durch Kleidungsstücke symbolisiert werden können. Solange Sie das Problem nicht aufarbeiten und loslassen, werden Sie dann auch das stellvertretende Symbol nicht loslassen können.

- *Ist es viel zu wertvoll für den Müll?* Tatsächlich? Dann finden Sie sicher jemanden, der das Teil genauso schätzt wie Sie und es auch regelmäßig trägt. Wenn nicht, ist es wohl doch nicht mehr sooo wertvoll.

- *Ist es zu gut für den Kleidercontainer?* Mag sein. Aber es gibt ja Alternativen. Dann also ab damit zum Secondhandladen, zur Caritas oder anderen sozialen Diensten (da wird es wirklich gebraucht und man tut etwas Gutes). Oder Sie nehmen es mit auf die nächste Tauschparty. Wenn Sie 2 Teile für 1 tauschen, reduzieren Sie zudem Ihren Bestand.

Falls Sie sich partout nicht von Kleidungsstücken trennen können, die bei der Sortierung „rausgefallen" sind, haben Sie noch eine Möglichkeit: **Packen Sie sie zeitweilig weg und lassen Sie 90 Tage verstreichen.** In dieser Zeit stellen Sie fest, ob Sie sie wirklich vermissen. *Falls nicht, kommen sie nach Ablauf der 90 Tage ohne Wenn und Aber weg, ohne sie noch eines Blickes zu würdigen.*

Für Ihre Notizen:

SCHRITT 3:

ORGANISIEREN – NUTZEN UND PLATZBEDARF

Jetzt geht es ans Organisieren und Einräumen des Aufbewahren-Haufens. Ziel ist es, einerseits den Platz optimal zu nutzen, andererseits jederzeit den Überblick zu behalten: Kleidungsstücke, die Sie sehen, tragen Sie eher als solche, die in den Tiefen des Schranks abgetaucht sind.

Stopfen Sie Ihre Schränke und Fächer nicht zu voll!

Erinnern Sie sich an den ersten Haufen bei unserer Sortieraktion? Das waren all die Sachen, die eigentlich nicht in den Kleiderschrank gehören. *Finden Sie andere Plätze für diese Sachen, das entlastet den Kleiderschrank schon etwas.* Auch die aussortierten Klamotten kommen nicht mehr in den Schrank, auch nicht kurzzeitig. Also bleibt nur der Aufbewahren-Haufen. Aber räumen Sie die Sachen nicht gedankenlos in den Schrank!

Oft sind die Schrankfächer so tief, dass man viel zu viel reinstopft und gar keinen Überblick mehr hat, was sich in den hinteren Bereichen befindet. Es ist überdies mühsam, stapelweise Zeug aus dem Kleiderschrank räumen zu müssen, um an die hinteren Sachen zu kommen, und so „vergisst“ man dann so manches gute Stück.

Bei Karla waren bei unserer ersten Wohnungsbegehung die Schränke gar so vollgestopft, dass kein einziger Kleiderbügel mehr auf die Stange passte und man gleich zwei oder drei vollgehängte Bügel rausrupfte, wenn man den ersten rausnehmen wollte.

Und Moni hatte die „clevere“ Idee, gleich mehrere Oberteile übereinander auf einen Bügel zu hängen. Das spart zwar ein wenig Platz und man braucht weniger Bügel, aber einerseits sieht man nicht mehr auf einen Blick, was alles auf dem Bügel hängt, andererseits kriegen die „unteren“ Klamotten hässliche Falten und die fehlende Durchlüftung lässt die Sachen mit der Zeit auch noch unangenehm riechen. Die kann man also gar nicht spontan anziehen.

Aber ich habe natürlich auch mein Fett abbekommen: Ich habe nämlich immer die billigen Kleiderbügel gehortet, die man manchmal kostenlos vor Boutiquen mitnehmen kann. Nur:

> *Wer billig hängt, hängt zweimal!*
> (In Abwandlung eines bekannten Spruchs.)

Heute weiß ich, dass es besser ist, in ordentliche Bügel zu investieren: Die sind stabil, viele haben abgerundete Auflagen, so dass die Schulterpartien nicht so schreckliche Ausbeulungen bekommen, und es gibt auch welche mit nützlichen Zusatzfunktionen wie Mehrfach- und Klappbügel oder solche mit einer Antirutsch-Oberfläche, die beispielsweise für Sommerhosen und Seidenblusen praktisch sind.

Stapel in Schrankfächern sollten höchstens zwei Drittel der Fachhöhe einnehmen. Dann kann man nämlich problemlos die einzelnen Teile durchsehen und genau das entnehmen, was man braucht, ohne die anderen zu verheddern und neu falten und stapeln zu müssen. Auch zwischen den Stapeln sollte etwas Platz bleiben. Ich habe mir sagen lassen, dass das für die Luftzirkulation wichtig ist, es ist aber auch praktischer. Und auch die Kleiderstange sollte nur „luftig" gefüllt sein: Nur so kann man nämlich die Sachen „durchblättern" und problemlos rausnehmen und umhängen.

Das alles bedeutet natürlich, dass weniger Dinge in Ihrem Kleiderschrank Platz finden. Aber es ist superangenehm, einen funktionierenden, übersichtlichen Kleiderschrank zu haben und kein Hochregallager mit Fronttür für Bekleidungsobjekte und alles andere, was dort noch Platz findet. Und da Sie Ihren Klamottenbestand im vorherigen Schritt hoffentlich gleich mal auf die Hälfte oder weniger reduziert haben, können Sie es sich jetzt auch leisten, den Kleiderschrank „luftiger" zu organisieren.

Außerdem kann nun alles so verstaut werden, **dass es sofort griffbereit ist und angezogen werden kann**. Wenn erst das Bügelbrett rausgeholt werden oder man die Sachen erst zum „Durchlüften" an den Schrank hängen muss, läuft irgendwas verkehrt.

Was kommt wohin?

Strenge Regeln, wie der Kleiderschrank zu organisieren ist, haben wir bei der Dinge-Diät ganz bewusst nicht festgelegt. Dazu sind unsere Garderoben zu unterschiedlich und jede von uns hat andere Vorstellungen. **Es soll vor allem eines werden: praktisch und funktional.**

Hinsichtlich Nutzen und Platzbedarf gibt es drei plus zwei wichtige Verstaumöglichkeiten:

- hängend an der Kleiderstange im Schrank (natürlich auf Bügeln)
- liegend in einem Schrankfach (sinnvoll gefaltet)
- verstaut in einer Schublade (z.B. Strümpfe)

- an der Garderobe (aktuell/regelmäßig genutzte Jacken/Mäntel)
- im Schuhschrank (natürlich nur für Schuhe)

Darüber hinaus haben manche Schränke an der Innenseite der Tür Platz für Gürtel, Krawatten oder auch Seidentücher. Auch Korbfächer, teilweise auf Schienen, damit man sie wie Schubladen vorziehen kann, sind recht beliebt. Verlockend ist es natürlich, den Boden des Schranks vollzuräumen, aber dann passen längere Kleider und Mäntel ggf. nicht mehr problemlos hinein. Das ist also ein Tabu.

Als Erstes sollten Sie alle Fächer feucht durchwischen und dann komplett trockenwischen. Die Gelegenheit ist günstig: Ich hatte meinen Kleiderschrank zum letzten Mal beim Umzug komplett leer gesehen. (Jaja, die Mädels haben auch gesagt, dass man ein- bis zweimal im Jahr die Schränke komplett ausräumt und durchwischt. Macht das wirklich irgendwer?)

Danach legen Sie erst mal Ihren „Aktionsradius" fest, bevor Sie mit dem Planen und Einräumen beginnen: Für den Kleiderschrank bedeutet das, dass Sie sich **auf die Fächer und Bereiche konzentrieren, die Sie problemlos ohne Hilfsmittel erreichen und einsehen können**. Viele Kleiderschränke sind eigentlich zu hoch und zu tief. Verzichten Sie in diesem Fall darauf, die oberen Fächer für Ihre Garderobe zu nutzen.

Bei sehr tiefen Kleiderschränken kann es passieren, dass die Stapel immer weiter nach hinten (und damit auch in schlechter beleuchtete Bereiche) rutschen. Um das zu verhindern, können Sie **Einlagen für die Fächer** basteln: Ein einfaches Brett oder ein flacher Karton kann quasi eine „Treppenstufe" im hinteren Teil des Fachs bilden, dann rutschen die Stapel nicht mehr nach hinten. Sie können sich im Baumarkt auch kostengünstig Styroporplatten auf Ihr Schrankmaß zuschneiden lassen. Die wiegen fast nichts, aber Sie sollten diese dann mit Klebefolie oder Schrankpapier beziehen, sonst sind Ihre Sachen demnächst voller Styroporkügelchen.

Wenn Sie bei einem tiefen Schrank den hinteren Bereich der Fächer trotzdem nutzen möchten, dann legen Sie den hinteren Stapel auf die Einlage, also etwas erhöht. Wenn Sie die vorderen Stapel nicht zu hoch machen und zwischen den Stapeln „Luft" lassen, können Sie dann wenigstens erahnen, was sich in der zweiten Reihe befindet. **Vor allem aber kommen in die zweite Reihe immer die Klamotten, die Sie gerade nicht brauchen:** im Sommer also die Wintersachen und umgekehrt. Zweimal im Jahr wird dann umgeräumt.

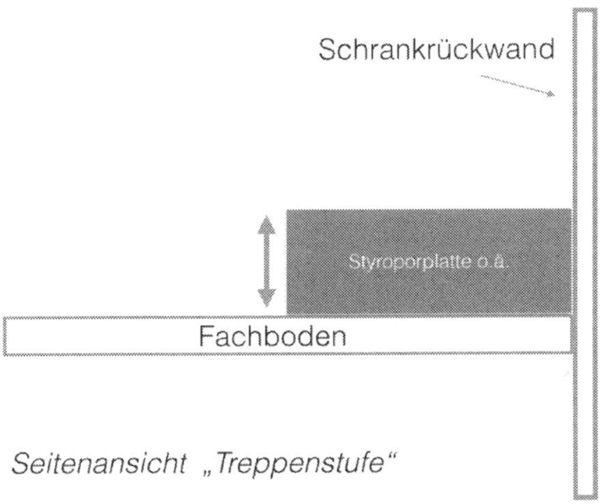

Seitenansicht „Treppenstufe"

Auch bei allen Kommoden und verwendeten Schubladen sollten Sie Ihren Aktionsradius festlegen: Die unteren Fächer, bei denen man sich auf den Boden knien muss, um etwas herauszunehmen, sollten Sie nur für selten gebrauchte Dinge verwenden. Mittlerweile bewahre ich in den bodennahen Schubladen meine Taschen und weniger genutzten Gürtel auf. Aber Schubladen bergen noch weitere Fallen:

- Die hinteren Sachen sind oft schwer einzusehen und zu erreichen, wenn man die Schubladen zu sehr anfüllt. Auch hier bietet es sich wieder an, ein **Ordnungssystem** zu verwenden, das dem Rechnung trägt.

- Breite Schubladen tendieren dazu, die Inhalte zu einem riesigen Chaosberg verkommen zu lassen. Sie sollten daher in **kleinere Fächer unterteilt** werden.

Geeignete Systemlösungen für beide Probleme gibt es im Handel – aber man kann sich auch mit Schuhkartons, zurechtgeschnittenen Schaumstoffrollen und anderen Hilfsmitteln aus dem Haushalt behelfen.

> AUFGABE:
>
> Die meisten Kleiderschränke haben eine Doppeltür, hinter der sich die zentrale Kleiderstange verbirgt. Ihrer auch? Dann öffnen Sie ganz intuitiv eine Tür. Tun Sie es! Welche Tür haben Sie gewählt? Die linke oder die rechte?

Bei älteren Schränken mit Schloss haben Sie meist keine Wahl, da müssen Sie die rechte Türe zuerst öffnen. Bei modernen Schränken oder bei Schiebetüren hängt es von Ihren persönlichen Präferenzen ab. Meine Schwester öffnet erst die linke Türe, vielleicht, weil sie Linkshänderin ist, und stöbert durch die aufgehängten Klamotten auch am liebsten von links. Ich öffnen bei mir automatisch die rechte und „blättere“ auch von rechts. (Habe ich Sie jetzt verwirrt? Dann versuchen Sie gar nicht, darüber nachzudenken, und beobachten Sie sich einfach beim nächsten Mal.)

Egal, wie es bei Ihnen ist: **Auf die Seite, die Sie gewählt haben, kommen die am häufigsten genutzten Teile, hinter die andere Türe die weniger häufig genutzten.** So sparen Sie Zeit, wenn Sie in Eile sind, weil Sie genau wissen, hinter welcher Türe sich die Sachen befinden, die Sie gerade benötigen.

Wenn Ihr Kleiderschrank selbst zu wenig Platz bietet, um ihn nach dem Dinge-Diät-Prinzip luftiger als vorher einzuräumen, und Sie einen geheizten und gut gelüfteten Kellerraum haben, gibt es noch eine gute, preisgünstige Möglichkeit, den Schrank funktional und übersichtlich zu halten: Kleiderkartons mit Kleiderstange zum hängenden Transport, die man normalerweise für den Umzug verwendet. So ein Karton ist schnell auf- und auch wieder abgebaut und kann auch längere Zeit aufgebaut bleiben. So können Sie im Keller einen **Behelfskleiderschrank** einrichten, in dem Sie die hängenden saisonalen Stücke jeweils zwischenlagern. Allerdings ist das nicht dazu gedacht, beliebig viel zusätzlichen Stauraum zu schaffen und so nicht ausmisten zu müssen! *Nutzen Sie diesen Tipp also bitte wirklich nur, um für Übersicht im Kleiderschrank zu sorgen.*

Hängen statt legen

Eine tolle Sache habe ich bei meiner eigenen Kleiderschrank-Dinge-Diät gelernt: *Auch T-Shirts kann man aufhängen, dann verknittern sie nämlich nicht.*

Investieren Sie in gute, aber zugleich platzsparende Bügel. Bügel für die Garderobe geben keine guten Kleiderbügel für den Schrank ab. Und Billigangebote mit 25 Plastikbügeln für 1,99 Euro erweisen sich meist als Reinfall: nicht stabil genug, zerbrechen schnell, haben spitze Kanten und Grate, die empfindliche Kleidungsstücke beschädigen oder ausleiern können, und manchmal zerfallen sie gar in ihre Einzelteile.

Im Handel sind auch Bügel erhältlich, die helfen, mehrere Kleidungsstücke platzsparender aufzuhängen. Ebenso spezielle Bügel für mehrere Hosen. Oder Bügel mit zahlreichen Ringen, in die man seine Seidentücher oder Gürtel hängen kann.

Apropos Gürtel: Eine denkbar dämliche Methode zum Platzsparen ist es, die Gürtel mit der Schnalle über den Haken eines Kleiderbügels zu hängen. Das wirkt auf den ersten Blick clever, denn es verhindert, dass sich die Gürtel in einer Schublade ineinander verheddern. Aber – und das ist ein gewaltiges *ABER* – Sie müssen jedes

Mal den Bügel mit allen Gürteln rausnehmen und dann alle Gürtel nacheinander abnehmen, die oberhalb desjenigen Gürtels sind, den Sie gerne anziehen möchten. Und natürlich müssen Sie sie dann auch wieder auffädeln.

Deshalb lieber ein paar Euro in einige Spezialbügel investieren! Und da gibt es eine ganze Menge:

- **Bügel für Pullover und andere für T-Shirts**, die besonders schonend zum Stoff sind, die Luft besser zirkulieren lassen oder leichter zu „befüllen" sind.
- **Anti-Rutsch-Bügel**, von denen die Klamotten nicht bei der leisesten Bewegung rutschen und auf dem Schrankboden landen.
- Rock- bzw. Hosenbügel **mit integrierten Klammern** für Röcke oder empfindliche Hosen.
- **Raumspar-Bügel, die bis zu fünf Hosen** auf separaten Stangen aufnehmen und dann „nach unten geklappt" versetzt untereinander aufbewahren.
- Andere **Raumspar-Bügel, die nach dem gleichen Prinzip drei Blusen aufnehmen** können und aussehen, als hätte jemand aus drei separaten Bügeln ein (durchaus bei Platznot nützliches) abstraktes Kunstwerk gemacht.
- Bügel, die unten eine durchgehende Fläche mit Löchern oder aneinander hängende Ringe haben und die **für Gürtel, Tücher, Schals usw.** gedacht sind.
- Bügel, die aussehen wie eine Art Kamm, und die **Krawatten** aufnehmen.

Natürlich müssen es nicht immer teure Spezialbügel sein: Petra nutzt Ringe für einen Duschvorhang, die sie im Ein-Euro-Shop bekommt, und hängt sie über den Haken eines normalen Bügels.

Daran kann sie dann einen weiteren Bügel einhängen und so weiter. Das Ergebnis ist eine ähnliche Platzersparnis wie bei den Spezialbügeln mit Klappmechanismus.

Die gleichen Ringe über einen normalen Bügel gezogen kann man auch nutzen, um seine Schals und Seidentücher durchzuziehen und so hängend aufzubewahren. Ein Ring pro Tuch. Es gibt auch aufklappbare Ringe, die man ineinander hängen kann und so noch mehr Platzgewinn erzielt.

> *Halten Sie immer auch einige leere Bügel in Reserve, um frisch gewaschene oder neue Kleidungsstücke aufhängen zu können. Ebenso sollten Sie eine separate Ecke auf der Kleiderstange einrichten, wo Sie einmal getragene Klamotten oder solche für die Reinigung getrennt von den anderen Sachen aufhängen können. Dafür habe ich ein paar gesondert gekennzeichnete Reservebügel.*

Waschmaschinenfeuchte Kleidungsstücke hängen sich zum Teil so gut aus, dass man auf das Bügeln verzichten kann. **Allerdings Vorsicht bei eckigen, spitzen und zu kleinen Bügeln:** Dort können unschöne Beulen und Kanten entstehen.

Wäsche natürlich nie feucht in den Schrank hängen, sondern möglichst frei aufhängen (z.B. auf einer ausziehbaren, kurzen Kleiderstange, die Sie am Schrank befestigen oder in die offene Tür der Duschkabine einhängen können).

In sehr hohen Kleiderschränken oder solchen, in die eher kurze Bekleidungsstücke gehängt werden sollen, können Sie zudem eine **zweite Kleiderstange** versetzt anbringen und damit den Platz wesentlich effektiver nutzen.

Falt- und Stapelplan

Klamotten richtig zusammenzulegen will gelernt sein. Hier kann man nämlich viel falsch machen und sich damit die Ordnung im Schrank total versauen.

Alle Wäschestücke, die gelegt und gestapelt werden, sollten **auf die gleiche Grundgröße (Fläche) gefaltet** werden. Falls Ihnen in dieser Hinsicht handwerkliches Geschick und Augenmaß fehlen: Im Handel gibt es Wäschefalthilfen aus Plastik.

Nun lassen sich trotzdem T-Shirts kleiner zusammenfalten als Wollpullis. Kein Problem. Aber dann falten Sie alle Pullis auf die eine Größe und alle T-Shirts auf die andere. Und stapeln Sie nur gleich groß gefaltete Teile.

Apropos T-Shirts und zusammenfalten: Da scheiden sich in unserer kleinen Gruppe die Geister. Gefaltete T-Shirts können unschöne Knicke haben, wenn man sie aus dem Schrank nimmt. Eine Möglichkeit habe ich ja schon erwähnt: hängen statt legen. Aber Moni schwört auf eine ganz andere Methode: **Sie rollt die T-Shirts zusammen** und stapelt die Rollen pyramidenförmig im Fach bzw. stellt sie aufrecht in eine transparente Box, die sie in das Fach schiebt. Bei ihrer Rolltechnik gibt es keine Falten und kein Knittern (sagt sie). Ich habe es mal ausprobiert, aber meine Rollen waren irgendwie unförmig. Vielleicht probieren Sie es für sich aus und sind darin erfolgreicher als ich?

Zurück zu unseren Stapeln: **Stapeln Sie nie höher als zwei Drittel der Höhe des Fachs.** Das macht es viel einfacher, etwas herauszunehmen, ohne die Ordnung zu zerstören. Darüber hinaus sollten Sie die Stapel sortieren: einer nur für T-Shirts, einer für Pullis usw. Natürlich dürfen es auch zwei oder drei Stapel nur mit T-Shirts sein, wenn nötig.

Im Internet hat Petra den Tipp gefunden, T-Shirts und Pullover in Schubladen „*hochkant nebeneinander* zu stapeln". Wir haben das ausprobiert, waren aber nicht glücklich mit dem Ergebnis: Wenn die Schublade nicht komplett gefüllt ist, gerät alles durcheinander. Und wenn sie komplett voll ist, hat man zwar mehr Überblick als wenn man die Teile in der Schublade *übereinander* stapelt, aber dafür ist das Rausnehmen und Einsortieren problematisch. Also besser Schrankfächer nutzen.

Auch innerhalb der Stapel sollten Sie dann Ordnung halten, beispielsweise: ein Stapel mit allen dunklen T-Shirts oder Oberteilen, ein Stapel mit allen hellen/weißen Oberteilen, einer mit besonders bunten oder solchen mit Aufdrucken. Das hört sich ein wenig pedantisch an, spart aber sehr viel Zeit, weil man dann auf einen Blick alle ähnlichen Teile identifizieren kann, ohne mehrere Stapel durchsuchen zu müssen. Und wenn das gesuchte Teil dann nicht an seiner „angestammten" Position ist, wissen Sie genau, dass Sie nicht suchen müssen, sondern es in der Wäsche ist. (Petra warf beim Korrekturlesen an dieser Stelle ein: *„Oder von der Tochter ohne Rücksprache ‚ausgeliehen' wurde."*)

Wichtige und häufig benutzte Dinge kommen auf Augen- bzw. Griffhöhe auf der Schrankseite, auf der man die Tür instinktiv als Erstes öffnet. Seltener genutzte Dinge etwas tiefer unten und oben bzw. hinter die andere Schranktür. Schwere Dinge gehören nach unten, nicht nach oben.

Ist Ihr Schrank sehr hoch, bringen Sie in den schwer erreichbaren Fächern nur Dinge unter, die Sie selten benötigen bzw. halten Sie eine kleine Trittleiter in Griffnähe bereit, um an die Sachen dort zu kommen. Ich erwähne das deshalb extra, weil sich eine Freundin von mir mal einen komplizierten Bruch des Handgelenks zugezogen hat, als sie etwas aus dem obersten Fach holen wollte und dachte, der Drehstuhl aus dem Kinderzimmer nebenan reicht schon, um rasch mal da hochzusteigen. Die rutschfeste, stabile

Trittleiter ruhte währenddessen im Abstellkämmerchen eine Etage tiefer.

(Wussten Sie, dass in Deutschland mehr Menschen durch Unfälle im Haushalt sterben als im Straßenverkehr? Im Jahr 2012 waren das über 8.000. Millionen Menschen pro Jahr verletzen sich und viele davon durch Stürze von ungeeignetem Leiterersatz. Hier gibt es viele interessante Infos zur Sicherheit im Haushalt: www.das-sichere-haus.de)

Nach Nutzungsszenario sortieren

Ein weiteres sinnvolles Sortierkriterium können unterschiedliche Nutzungsszenarien sein, beispielsweise:

- Beruf (normal)
- Beruf (formell/Kundentermin)
- Freizeit (unterwegs, Alltag)
- Freizeit (im Haus)
- Freizeit (Party)
- Freizeit (formell, z.B. Beerdigung)
- Sport
- …

Wenn Sie Ihre Outfits entsprechend vorsortieren, dann ersparen Sie sich jedes Mal ein wenig Zeit und Nerven, wenn Sie vor dem Kleiderschrank stehen. Sie können dann nämlich viel rascher erkennen, welche Teile in der jeweiligen Situation überhaupt infrage kommen.

(Wenn Sie keine Kundentermine haben oder Ihre Arbeitsbekleidung vom Arbeitgeber vorgeschrieben bzw. gestellt wird, passen Sie einfach die Kategorien an Ihre Bedürfnisse an.)

Da sich viele Teile für unterschiedliche Gelegenheiten eignen und daher eigentlich in mehrere Nutzungsszenarios einsortiert werden müssten, hat Vera **ein cleveres Markierungsprinzip** entwickelt: Sie nutzt farbige Kabelbinder, die sie am Haken des Kleiderbügels befestigt, um beispielsweise ihre Hosen entsprechend zu markieren. Vorher hat sie es mit farbigen Kleiderbügeln versucht, aber das hatte zwei Nachteile: Erstens hat jeder Kleiderbügel nur eine Farbe, so dass man die Sachen nur einer Kategorie zuordnen kann (mit den Kabelbindern kann sie einem Bügel mehrere Farben zuordnen), und zweitens kann man die Farbe des Bügels manchmal nur schlecht erkennen, wenn Teile darauf hängen.

Wenn Sie unsere Tipps aus Schritt 4 beherzigen, sollte sich Ihre Garderobe immer weiter dahingehend verändern, dass Sie vor allem Stücke besitzen, die in unterschiedlichen Situationen „tragbar“ sind und sich gut kombinieren lassen. Haben Sie „Ihren“ Stil einmal gefunden, dann unterscheiden Sie wahrscheinlich auch nicht mehr so sehr, was Sie zum Einkaufen, zu Hause oder im Büro anziehen. Dann gibt es weniger Kategorien und weniger Sonderfälle.

Saisonmäßig umräumen – Summertime/Wintertime

Mindestens zweimal im Jahr wird umgeräumt: Im Frühjahr kommen die Winterklamotten nach hinten bzw. zur Seite, dafür die Sommersachen nach vorne. Im Herbst umgekehrt: Die Sommermode hat ausgedient und räumt den zentralen Platz für die Wintergarderobe.

So lassen sich auch tiefe Schrankfächer sinnvoll nutzen: Die Stapel aus der vorderen Reihe nach hinten, die aus der hinteren Reihe nach vorne, fertig. Trotzdem sollten Sie den Tipp mit der Einlage für die Schrankfächer in Betracht ziehen, den ich am Anfang des Kapitels vorgestellt habe. Die Stufe bzw. Rutschsperre hat sich bei uns sehr bewährt.

Das Umräumen kann aber auch Probleme mit sich bringen: Wintermäntel und Winterjacken sind zum Teil so sperrig, dass sie im Sommer die schöne, luftige Ordnung auf der Kleiderstange ganz schön stören können. Sie an der Garderobe hängen zu lassen ist natürlich auch keine Lösung.

Petra hat uns gezeigt, wie sie mit diesem Problem umgeht. **Sie hat sich spezielle Vakuumbeutel besorgt, in die sie diese sperrigen Sachen packt, den Beutel verschließt und dann mit dem Staubsauger die Luft rauslässt.** Für Anoraks und Klamotten, die nicht knitterempfindlich sind, klappt das sehr gut, und auch Wollpullis und andere Stricksachen kann man so verpacken.

Ich nutze das System vor allem für Gästebettdecken und Gästekissen, die früher einigen Platz im Schrank verstopften. Mit dem Prinzip lässt sich einiges an Volumen sparen und die so verpackten Teile sind vor Motten, Feuchtigkeit und Staub geschützt. Die Pakete müssen nicht mal im Schrank Platz finden, sondern können auch in den Keller wandern.

Auch praktisch (vor allem für das Kinderzimmer) sind transparente, verschließbare Stapelboxen.

Davon jeweils zwei: eine beispielsweise für die Sommersocken und eine für die Winterstrümpfe. Die können dann übereinander oder hintereinander im Schrank oder in der Schublade stehen, und im Herbst und im Frühjahr wird umgeräumt.

Systeme für Socken, Unterwäsche, Krawatten, Tücher, Schals etc.

Vakuumbeutel und transparente Stapelboxen bringen mich darauf, dass es eine Menge praktischer Aufbewahrungssysteme für alles Mögliche gibt. Es lässt sich eben nicht alles problemlos stapeln oder auf normale Bügel hängen, die jeder zu Hause hat.

Kleine und unförmige Teile, die zur Garderobe gehören, machen das Chaos oft perfekt. Nicht nur, dass man **oft viel zu viele** davon besitzt (Socken, Unterwäsche), man zieht doch immer wieder dieselben an und der Rest wandert in alle möglichen und unmöglichen Ecken, verstopft alles und entzieht sich jeder Ordnung. Ist nach dem Waschen ja auch so praktisch, die Kleinteile einfach in die nächste Schublade zu stopfen. Und wenn die gerade überfüllt ist, dann einfach in die darunter.

Deswegen hier auch noch mal der Hinweis: Jetzt ist die optimale Gelegenheit, reinen Tisch zu machen: Socken, Strümpfe und Unterwäsche sind gute Bereiche, in denen man alles Unbequeme, Unpassende und auch mit kleinen Mängeln Versehene (*„Die waren mal schwarz“*, *„Das ist nur ein wenig ausgeleiert, da kann man ein neues Gummi einziehen“*) entsorgen sollte. **Und für die Zukunft: Suchen Sie sich die Dinge raus, die sehr gut passen, und dann kaufen Sie davon gleich mehrere Exemplare.**

> *(Machen Sie es aber nicht wie mein Vater: Der hat seine Lieblingssocken irgendwann bei einem Händler auf der Kirmes gefunden. Und wollte nichts anderes mehr. Meine Mutter konnte machen, was sie wollte – nur die von der Kirmes. Das ging ein paar Jahre sogar gut. Und dann kam es, wie es kommen musste: Es gab den Stand nicht mehr. Und mein Vater? Der hat seine Lieblingssocken so lange getragen, bis sie komplett durchgescheuert waren. Ehrlich.)*

Noch ein Tipp: **Wenn Sie sich einen Stapel gleicher Socken kaufen, dann verwenden Sie alle reihum und heben Sie nicht welche „auf Reserve“ auf:** Das macht auch das Sortieren leichter, da Farbunterschiede vom Waschen/Ausbleichen dann nicht zu stark ins Gewicht fallen. Es gibt sogar „Nummernsocken“, die unauffällig die Zahlen 1 bis 7 eingenäht oder aufgedruckt haben, so dass Sie sie problemlos sortieren und gleichmäßig nutzen können. Oder Sie schließen ein Sockenabo im Internet ab. Da gibt es dann regelmäßig neue Socken per Post. Ist auch ein praktisches Geschenk für Ihren Göga ;-)

Socken und Strümpfe bewahrt man am besten in einem Karton oder, noch besser, einer transparenten kleinen Plastikbox auf. Mit klein meine ich vor allem so klein, dass man sich schnell einen Überblick verschaffen kann und den Inhalt von außen sieht. Zwar gibt es auch Sockenklammern bzw. Sockenclips, um die Socken paarweise zu halten, aber die sind vor allem für das Sortieren nach der Wäsche nützlich. Ich rolle die Socken und Strümpfe immer paarweise zusammen und ziehe dann einen Teil der offenen, obenliegenden Seite des einen Strumpfs über den ganzen Pack.

Für mich habe ich eine tolle Lösung für meine **Söckchen und Strümpfe** gefunden: Für ein paar Euro gab es mal einen flachen Netzbeutel, den man an die Innenseite der Schranktür kleben kann. Durch das praktische Griffloch kann ich die Söckchen reinstecken und rausnehmen, ohne Angst haben zu müssen, dass sie beschädigt werden oder sich irgendwo verhaken. Die Spannung des Netzgewebes presst sie zudem schön platt. Ideal für Nylonstrümpfe und Minisöckchen, die so alle zusammen sind und nicht viel Platz brauchen.

Auch für **Unterwäsche** bieten sich transparente Plastikboxen an. Ich verwende gerne Stapelboxen – solche, die sich bei Nichtgebrauch platzsparend ineinander stapeln lassen und gefüllt mit einem Deckel verschlossen werden können, der dafür sorgt, dass sie rutschfest aufeinander gestapelt werden können. So kann ich immer ein paar Boxen in Reserve haben oder auch welche auslagern. Ich nutze übrigens, wie viele von uns, solche Boxen in verschiedenen Größen an verschiedenen Stellen im Haushalt.

Zu den Spezialbügeln habe ich ja schon einiges gesagt. Da gibt es eine enorme Vielfalt, mit ein wenig Geschick kann man aber oft ähnliche Effekte auch mit anderen Hilfsmitteln erreichen – von Haarringen bis hin zu den besagten Duschvorhangringen.

Die ebenfalls bereits erwähnten **Schubladenunterteilungen** gibt es im Handel in einer unendlichen Vielfalt:

- Da gibt es welche, bei denen man **Socken** paarweise eingerollt in jeweils ein separates Fach stecken kann.
  (Mein Göga meinte nicht ganz zu unrecht, dass er das auch mit leeren Toilettenpapierrollen erreichen könne. Sieht aber natürlich nicht so schön aus.)

- Ähnlich, aber größer und optisch nett in Wabenform gibt es das dann auch für **Krawatten und Gürtel** (jeweils eingerollt) – da käme der liebe Göga mit seiner Klopapieralternative auch nicht mehr weiter.

- Andere sind speziell für **Schmuck** gedacht, aus edlem Samt und mit Ausformungen für Ringe, Ohrstecker, Ketten und Armbänder aller Größen. Zweifellos eine Alternative zur Schmuckschatulle, in der dann doch alles rumkugelt und die irgendwo in einer Schublade oder einem Schrankfach untergeht.

- Und dann gibt es auch noch einzelne Fächer aus Karton, Textil oder Kunststoff in den verschiedensten Größen, die man **nach Wunsch kombinieren** kann, zusammensteckbare und auf die passende Größe zurechtschneidbare Trennstege und vieles mehr.

Auch da lohnt es sich, im Handel oder im Internet mal die Augen offen zu halten. Da ich nicht weiß, was Sie alles verstauen müssen und wie Ihr Schrank und Ihre Kommode eingerichtet sind, kann ich nur allgemeine Tipps dazu geben.

Den Schuhschrank nicht vergessen

Einige von uns haben ja einen kleinen Schuhtick. Deswegen bei der ganzen Aktion mit den Klamotten und den Kleiderschrank **bitte keinesfalls die Augen davor verschließen, dass das Schuhwerk auch zum Outfit gehört.**

Sie haben da sicher auch schon kräftig Ballast abgebaut, oder? Wenn nicht, dann aber los!

Die verbleibenden Schuhe sollten Sie ähnlich wie die Kleidungsstücke organisieren:

- Nur Schuhe, die wir derzeit ständig nutzen, bleiben „draußen“.
- Saisonales Schuhwerk, das derzeit nicht gebraucht wird, räumen wir aus dem Weg (hintere Reihe im Schuhschrank, ggf. in den Keller auslagern).
- Einmal im Herbst und im Frühjahr räumen wir komplett um.
- Auch im Schuhschrank stellen wir häufiger benötigte Schuhe in Griffhöhe, selten genutzte nach unten oder hinten.
- Außerdem sortieren wir die Schuhe funktional und farblich: Meine Schuhe kommen in den einen Bereich, flache Schuhe zu flachen Schuhen, High Heels zu High Heels. Die des Göga stehen nicht dazwischen, sondern in ihrem eigenen Bereich. Und die Freizeittreter getrennt von den Business-Schuhen.

- Pflege- und Putzzeug bewahren wir in der Nähe auf, damit wir schnell mal nachpolieren können. Auch ein Schuhanzieher ist nur praktisch, wenn er im richtigen Moment griffbereit ist und nicht erst gesucht werden muss.

Kommt Ihnen alles bekannt vor? Klasse, denn dann haben Sie begriffen, dass es immer wieder dieselben einfachen Ordnungs- und Diätprinzipien sind, egal ob Klamotten oder Schuhe.

> *Kleine Anekdote: Ich habe unsere Post-it-Methode auch auf meine Schuhe angewendet. Und dann vergessen, dass unter dem einen Schuh ein Zettel klebte, als ich ihn nach Monaten zum ersten Mal wieder anzog. Das war erst mal irritierend – aber entgegen anderer Gerüchte bin ich nicht die Treppe heruntergesegelt.*

Schuhe kann man übrigens auch **hängend in einem „Organizer“** aufbewahren, den man an die Rückseite einer Tür packen (z.B. für Gästepantoffeln), aber auch innen oder außen (!) an einer Seitenwand des Schranks befestigen kann. Ist natürlich nur für kleine, leichte und vor allem saubere Schuhe geeignet, nicht unbedingt für die Reitstiefel oder die Wanderschuhe. Aber das kann den Schuhschrank ein wenig entlasten.

Spezialthema: Der perfekte Kleiderschrank

Wir haben uns im Rahmen unserer Dinge-Diät alle mit den Kleiderschränken begnügt, die wir schon besaßen. Sollten Sie sich allerdings den Luxus leisten können, Ihren alten Kleiderschrank rauszuwerfen und einen neuen anzuschaffen, dann beneide ich Sie ein wenig. Man könnte ja ganze Bücher zum Thema *„Der perfekte Kleiderschrank und seine Inneneinrichtung“* schreiben. Dazu fühle ich mich allerdings (derzeit!) nicht berufen. Einige Tipps und Anregungen aus Sicht der Dinge-Diät gibt es aber, abgeleitet aus den Diskussionen in unserer kleinen Selbsthilfegruppe:

Die Schranktüren

Schon an der Frage, ob **Scharnier- oder Schiebetüren** die bessere Wahl darstellen, scheiden sich die Geister. Scharniertüren haben den Nachteil, dass sie beim Öffnen in den Raum hineinragen. Dafür kann man den Schrank vollständig öffnen, und auch die Innenseiten der Türen lassen sich für Aufbewahrungs- und Ordnungssysteme beispielsweise für Gürtel oder Krawatten nutzen. Bei Schiebetüren ist immer ein Teil der Schrankflächen auch bei geöffneten Türen verdeckt und Sie bekommen die Innenseiten der Türen im Grunde nie zu Gesicht.

Prinzipiell geht es natürlich auch ganz ohne Türen oder mit einem Vorhang. Offene Schränke und Regale haben den Vorteil, alles optimal zu präsentieren. Kein Schattenwurf und kein Platzverlust durch die Türen. Aber natürlich verstaubt in offenen Fächern und Schränken auch alles viel schneller. Und das Zimmer wirkt schnell unruhig: Das ist eher eine Lösung für eine begehbare Garderobe und kein Ersatz für den geschlossenen Kleiderschrank im Schlafzimmer, wo man sich ja auch entspannen und Ruhe finden soll.

Die Größe des Schranks

Weiter geht es mit der **Schrankhöhe**: Hier ist es nicht immer am besten, besonders hohe Schränke auszuwählen. Diese bieten zwar prinzipiell mehr Stauraum, aber mit ihren 1,64 Metern brauchen Sie dann auf jeden Fall eine Leiter, um die oberen Fächer überhaupt sinnvoll nutzen zu können. Überlegen Sie sich also gut, ob ein sehr hoher Schrank überhaupt nötig ist oder ob im Sinne der Dinge-Diät nicht ein kleineres Modell ausreicht.

Auch die **Zahl der Segmente** und damit die Größe des Schranks ist natürlich ein wichtiges Kriterium. Viele Bekannte schwören da auf das Prinzip „viel hilft viel“ und bauen sich ganze Wände mit Schränken zu. Aber aus Sicht der Dinge-Diät bin ich anderer Meinung: **Der Schrank sollte zwar Platz für die gesamte Garderobe bieten, aber auch nicht mehr. Wenn man eine ganze Schrankwand zur Verfügung hat, dann nutzt man die auch und trennt sich gar nicht von unnützen Klamotten, sie stören ja nicht.**

Die Erkenntnis, dass sie jedes „Mehr“ an Stauraum auch ausnutzt, hat Moni zu der Einsicht gebracht, auf einen ihrer Kleiderschränke komplett zu verzichten: Sie hatte zwei, beide bei unserer Wohnungsbegehung bei ihr bis zum Rand vollgestopft. Dann hat sie angefangen, ihre Garderobe nach genau den Methoden auszumisten, die ich in diesem Buch beschreibe. Und sie hat gleich mal einige Fächer komplett leer bekommen.

Der Erfolg hat sie angespornt, immer mehr Fächer leer zu bekommen, indem sie konsequent auf alle Klamotten verzichtet, die sie nicht wirklich benötigt. Dazu kam, dass Moni ihre Garderobe geschickt angepasst hat: Sie kauft sich nur noch dann ein neues Kleidungsstück, wenn es mindestens zwei andere ersetzt. Mehr dazu erzähle ich noch in Schritt 4. Jedenfalls kam nach einiger Zeit von ihr die Meldung, dass sie jetzt so viel Platz eingespart habe, dass wir zum Schrankabbauen vorbei kommen könnten. Erfolg auf der ganzen Linie. Und sie ist sehr glücklich mit dieser Entscheidung. Dort, wo früher der zweite Kleiderschrank stand, befindet sich jetzt eine kleine Staffelei: Moni hat mal ein paar Semester Kunst studiert und will sich in Sachen Wohnungsdeko auf Kauf-Diät setzen und einiges selbst neu gestalten. Aber das ist eine andere Geschichte, und ich bin gespannt auf deren Ausgang.

Jedenfalls zeigt dieses Beispiel, dass man gut mit weniger Platz für die eigene Garderobe auskommen kann und dieses „Weniger“ auch Ansporn sein kann, viel bewusster über „behalten“ und „weggeben“ zu entscheiden und Neukäufe rationaler anzugehen. Also besser keine Schrankwand für Ihre Kleider, wenn es sich vermeiden lässt!

Spezialfall: Begehbare Garderobe

Das gilt übrigens auch für die begehbare Garderobe. Klar: Wir haben alle Sex and the City gesehen und träumen heimlich von der perfekten Ankleide, die zugleich die persönliche Modeboutique ist. Aber ohne Disziplin wird das auch nur wieder ein Chaos. *Wer mehr Platz hat, nutzt ihn auch. Und wer kein Ordnungssystem hat, dem hilft auch eine begehbare Garderobe nicht wirklich.* Natürlich ist es toll, alles offen und gut sichtbar präsentiert zu haben. Einmal im Kreis drehen, ein paar Handgriffe, umziehen und sich im auf ganzer Wandhöhe angebrachten Spiegel von allen Seiten bewundern.

> *Wenn Sie einen entsprechenden Raum haben oder einen Bereich durch Raumtrenner abteilen können, ist das auch gar nicht so teuer und aufwendig. Schauen Sie mal im Internet auf die Seite Ikea Hackers (www.ikeahackers.net), da finden Sie einige kreative Anregungen für viel Effekt mit wenig Geld.*

Aber vielleicht haben Sie Ihre Klamotten ohnehin schon so weit reduziert, dass Sie merken: Ihr Wunsch war eigentlich der nach mehr Platz für Ihre vielen Dinge, die Sie nun aber gar nicht mehr brauchen und auch gar nicht mehr haben. Die Sehnsucht nach dem begehbaren Kleiderschrank könnte sich also durch Anwendung der Dinge-Diät in Luft auflösen.

Die Innenausstattung

Wirklich funktional wird der Kleiderschrank erst durch die richtige Einrichtung. Konnte man früher froh sein, eine durchgehende

Kleiderstange auf 1,50 Meter Höhe zu haben und darüber sowie im Segment daneben ein paar Fächer mit mehr oder weniger flexibler Höhe, so ist heute wesentlich mehr möglich.

Einige Hilfsmittel habe ich bei den Aufbewahrungssystemen für unförmige und kleine Teile schon angesprochen. Aber das ist nur die Spitze des Eisbergs. Das Innenleben eines modernen Kleiderschranks können Sie sich heute häufig komplett individuell nach Ihren Wünschen zusammenstellen. **Schranktrenner** machen es möglich, **Kleiderstangen** nicht über die ganze Breite des Schranks, sondern nur über einen Teil zu führen. Diese können zudem ganz variabel in jeder Höhe (durchaus auch übereinander oder hintereinander) angebracht werden. Endlich eine Möglichkeit, all die Hotpants ohne Platzverlust hängend zu verwahren ;-)

Darüber hinaus ist es möglich und sehr praktisch, unter einem Fachboden oder an der Schrankwand eine **nach vorne ausziehbare Kleiderstange** einzubauen: Dann können Sie Sachen temporär aufhängen, während Sie sich anziehen oder im Schrank herumräumen. Es gibt sogar ausziehbare „Sortierböden": Dort können Sie die gebügelten und gefalteten Sachen zwischenlagern, wenn Sie sie nach der Wäsche in den Schrank sortieren wollen.

Und neben den klassischen Fachböden, die in variabler Höhe angeordnet werden können, gibt es diverse **Spezialeinsätze und Spezialböden, integrierte Schubladensysteme, Körbe und Netze**, um alles von Schuhen über Schals, Socken und Unterwäsche bis hin zu Gürteln, Ketten, Schmuck und anderen Accessoires intelligent zu verstauen. Selbst für die Innenseiten der (Scharnier-) Schranktüren gibt es eine Menge praktischer Hilfsmittel, um Krawatten, Gürtel, Ketten oder auch Söckchen (Netz!) platzsparend und geordnet unterzubringen.

Auch alte Schränke lassen sich so clever aufpeppen.

An dieser Stelle erspare ich mir und Ihnen allerdings das detaillierte Auflisten aller möglichen Optionen. Schauen Sie sich einfach mal im Fachhandel, bei dem großen schwedischen Möbelhaus und online um: Sie werden erstaunt sein, was es alles für Lösungen gibt. Und vermutlich werden Sie auch gleich auf Ideen kommen, wie Sie Ihren eigenen Kleiderschrank damit noch besser optimieren und für sich personalisieren können.

Die Beleuchtung

Haben Sie schon mal vor Ihrem Kleiderschrank gestanden und gerätselt, ob die Bluse jetzt dunkelblau oder schwarz ist? Ich habe meinen Göga einige Male erwischt, wie er Socken trug, die eindeutig beide grau waren, aber trotzdem nicht zusammenpassten. Ich wollte ihn schon zum Augenarzt schicken. Aber Petra hat mich auf das wahre Problem aufmerksam gemacht: Unser Kleiderschrank und seine Sockenschublade waren beide in einem Halbschatten, die offene Schranktür und die hohe Schublade warfen heftige Schatten. Das macht es oft schwer, ein Kleidungsstück korrekt farblich einzuordnen. Dämlich! Und natürlich hat man zehn Jahre diese Situation täglich erlebt und kommt gar nicht auf die Idee, dass sie suboptimal ist.

Zu jedem Kleiderschrank gehört die richtige Beleuchtung. Die kann im Schrank oder auch an der Decke angebracht werden. Im letzteren Fall sind mehrere Lichtquellen besser, denn bei einer werfen Sie vor dem Schrank stehend meist selbst heftig Schatten auf den Inhalt.

Wichtig ist allerdings auch, dass die Lichtquellen geeignet sind. Das betrifft vor allem die Farbtemperatur des Lichts, die Helligkeit, den Ausleuchtkegel und das Einschaltverhalten. Energiesparleuchten sind weniger geeignet, besser sind beispielsweise LED-Spots. Wirklich toll sind auch Flächenleuchten und indirekte Lichtquellen – die blenden dann nicht.

Aber zugegeben: Solche Lösungen sind dann auch recht aufwendig. Meist kann man aber schon mit wenig Aufwand eine deutliche Verbesserung der Situation rund um den Kleiderschrank erreichen. Petra hat sich einige Zeit mit aufladbaren mobilen „Notlichtern" beholfen, als sich die Installation ihrer „Wunschbeleuchtung" hinzog. Sicher nur eine Notlösung, aber besser als nichts.

Spezialthema: Sehr wenig Platz, sehr kleiner Kleiderschrank

In der Studentenbude, im Kinderzimmer oder in der Single-Wohnung kann der Platz für den Kleiderschrank schon mal sehr beschränkt sein. Trotzdem ist es nicht sinnvoll, den kleinen Schrank komplett vollzustopfen, denn dann hat man gar keinen Überblick, wie wir gesehen haben.

Statt dem „Stopf-Impuls" nachzugeben, ist es in diesem Fall sinnvoll, manche Dinge aus dem Schrank auszulagern. Ziel ist es, das Innenleben des Schranks optimal nutzen, und das geht nun mal nur mit ausreichend „Luft" darin. Also Saison-Sachen in durchsichtige Aufbewahrungsboxen oder auch in platzsparende Vakuumbeutel packen und aus dem Schrank verbannen. Sie unter dem Bett zu lagern, ist in diesem Fall ausnahmsweise erlaubt :-)

Schrankfächer können Sie effektiver nutzen, wenn Sie passende **transparente Boxen für Kleinteile** verwenden, die gestapelt werden können. Notfalls können Sie T-Shirts und Hosen auch in größeren dieser Boxen neben dem Schrank lagern oder die Boxen auf dem Schrankboden abstellen. Hauptsache, Sie sehen von außen sofort, was sich darin befindet.

In ein kleineres Fach oder auf eine Seite eines größeren können Sie zudem einen passenden **Schubladenbehälter** aus Karton oder

Plastik stellen. Das multipliziert die Stellfläche um die Zahl der Schubladen und ist eine gute Lösung für alle Kleinteile. Schubladen beschriften, wenn von außen nicht erkennbar ist, was sich in welcher Schublade befindet!

Die Kleiderstange sollte auch bei wenig Platz ausreichend „Luft“ haben, damit Sie problemlos „durchblättern“ können. Raumspar-Bügel und die Systeme für die Aufbewahrung von Kleinteilen sind natürlich auch in diesem Fall besonders nützlich.

–

So viel also zur Organisation. Sie haben einen großen Schritt nach vorne getan im Rahmen Ihrer Bemühungen auf dem Weg zu einem „schlanken“ Kleiderschrank. Jetzt gilt es, das Ergebnis auch zu halten und das eigene Verhalten darauf abzustimmen, dass Ihre Garderobe künftig immer besser Ihren tatsächlichen Bedürfnissen entspricht.

SCHRITT 4:

BALANCE HALTEN

Gratuliere! Wenn Sie die ersten drei Schritte unserer Kleiderschrank-Dinge-Diät gewissenhaft umgesetzt haben, dann haben Sie jetzt eine wesentlich bessere Organisation in Ihren Outfits und haben sich von einer Menge Ballast getrennt.

Jetzt müssen Sie zwei Aspekte im Auge behalten:

- *Lassen Sie den alten Schlendrian nicht wieder einreißen, sondern achten Sie darauf, Ihre Garderobe immer besser auf Ihre Bedürfnisse abzustimmen und immer besser zu organisieren.* Ich lerne jede Woche dazu, was wirklich mein Stil ist, auf was ich eigentlich problemlos verzichten kann und wie ich meinen Bestand sinnvoll ergänzen, aber auch weiter reduzieren kann.

- *Achten Sie auf Ihr Shopping-Verhalten:* Immer, wenn wir etwas entsorgen, dann meldet das Gehirn einen Verlust und damit einen Mangel. Also sind wir besonders empfänglich für Angebote und kaufen uns leicht wieder genau die unnützen Sachen, die wir gerade mühsam losgeworden sind.

Hier geht es also um die Vermeidung von neuer Speckanhäufung. Eine extreme Reaktion wäre jetzt ein Konsumverzicht: Sie verbieten sich selbst, neue Klamotten zu kaufen, es sei denn, es geht etwas kaputt. Aber ganz ehrlich: *Ich halte das für unnötig restriktiv und unbefriedigend.* Durch einen Neukauf können Sie Ihre Garderobe besser auf Ihre Bedürfnisse abstimmen, zumal sich im Laufe der Zeit auch Ihr Stil ändert.

Mit Bedacht Neues zu kaufen ist daher sinnvoll und wichtig. Nur sollten Sie jede Anschaffung, die Sie für Ihre Garderobe in Betracht ziehen, darauf überprüfen, ob sie wirklich nötig ist und eine **wesentliche Verbesserung** der bestehenden Situation darstellt, oder ob sie einen akuten Bedarf befriedigt, der nicht anderweitig gestillt werden kann: Wenn Sie nächste Woche plötzlich zu einem formellen Empfang müssen, dann muss vielleicht wirklich für diesen Anlass etwas Neues her – ich will Ihnen hier keinesfalls suggerieren, Sie müssten jetzt ein- für allemal mit dem auskommen, was sich jetzt noch in Ihrem Kleiderschrank befindet.

Aber wollen Sie wirklich ein langes schwarzes Abendkleid im Schrank hängen haben (und dafür Hunderte von Euro ausgeben, die Sie eigentlich besser nutzen könnten), oder gibt es andere Möglichkeiten? Sie könnten sich beispielsweise ein Kleid **leihen**. Wenn im Freundeskreis niemand etwas wirklich Passendes hat, ist das kein Problem. Es gibt überall professionelle Kostümverleiher. Anders als der Name suggeriert, bekommen Sie da nicht nur ein Karnevalskostüm, sondern auch elegante Abendkleidung und sogar die passenden Accessoires und teilweise Schuhe.

Im Freundeskreis veranstalten wir **Tauschpartys**, bei denen Dinge untereinander weitergegeben werden. Und wir unterstützen uns gegenseitig, wenn es um die Frage geht, wie man aus den vorhandenen Mitteln möglichst viel herausholen kann.

Darüber hinaus geht es darum, Ihre Klamottenbeschaffung zu erleichtern und weniger stressig zu gestalten. Ich habe beispielsweise festgestellt, dass ich eine Hassliebe zum Kauf von Kleidung empfinde. Einerseits ist da der **Reiz, sich etwas ganz Persönliches zu gönnen**: Mit der neuen Bluse schenke ich mir etwas Schönes. Alle anderen Käufe sind eher „gemeinschaftlich“ oder kommen dem Haushalt zugute. Ein Buch, das ich kaufe, kann auch mein Göga gerne lesen (was er mit meinen Cozy-Krimis und Liebesromanen aber sehr, sehr selten in Betracht zieht), aber meine neue Bluse wird er nie tragen. *Das ist meine ganz eigene.* Da wird die Shopping-Tour auch leicht ein wenig zum Rausch, und früher bin ich oft mit vier Teilen aus dem Geschäft gekommen, auch wenn ich mir vorgenommen hatte, nur ein schlichtes T-Shirt zu kaufen.

Auf der anderen Seite aber ist Klamotten-Shopping für mich immer auch **Stress**. Und der Kater nach dem Rausch folgte früher oft in kürzester Zeit. Kaum zu Hause, fragte ich mich, ob das eigentlich wirklich notwendig war, sagte mir, dass ich mir die Sachen eigentlich gar nicht leisten konnte (oder wollte), und zweifelte, ob es wirklich so eine einmalige Gelegenheit war, wie es mir im Geschäft erschien.

Sich Gedanken dazu zu machen, wie wir eigentlich Klamotten einkaufen, warum wir immer wieder mehr (und anderes) kaufen als geplant und wie wir zu einem „rationaleren" und weniger stressigen Shopping-Verhalten finden können, ist auch ein wichtiger Part, um das Kleiderschrank-Gewicht in Balance zu halten. Eine Möglichkeit ist Online-Shopping, eine andere Strategie besteht darin, sich von sehr gut passenden und bequemen Teilen gleich einen ganzen Stapel zu besorgen. Dann fällt der Stress, Nachschub und Ersatz zu beschaffen, der dann meist doch nur ein Kompromiss ist, nicht so oft an.

Also los, hier die wichtigsten Überlegungen und Erkenntnisse zu diesem Themenkreis aus unserer kleinen Selbsthilfegruppe...

> *An dieser Stelle hat mein besserwisserischer Göga als Testleser angemerkt, dass ich pfusche: Die Schritte eins bis drei sind echte Schritte. Die gehen Sie und dann sind sie absolviert, abgeschlossen. Aber der vierte Schritt ist eigentlich nie*

beendet. Stimmt schon: Es ist quasi eine lebenslange Selbstverpflichtung, die grundlegenden Methoden auch in Zukunft zu beachten und den Kleiderschrank und die eigene Garderobe immer weiter zu optimieren und zu minimieren. Trotzdem gefiel mir „Schritt 4“ besser als „Ongoing“ :-)

Tauschparty

Wie schon in den vorherigen Kapiteln angedeutet, haben sich in unserem Freundeskreis Tauschpartys etabliert – nicht nur, aber eben auch für Klamotten und Accessoires. Des einen Leid ist hier des anderen Freud: Wenn Sie selbst etwas nicht mehr anziehen (oder es Ihnen nicht mehr passt – stehen Sie dazu!), dann kann es trotzdem im Freundes- und Bekanntenkreis noch sehr gefragt sein.

Aber man kann nicht nur ausrangierte Dinge tauschen bzw. verleihen: Ich habe ein Faible für Seidentücher und eine ganze Kollektion davon. Und ich mag Abwechslung. Karla ist zwar nicht ganz so verrückt danach, hat aber einen ähnlichen Geschmack in diesem Segment wie ich. Mittlerweile tauschen wir regelmäßig: Sie bekommt die, die ich in den letzten zwei, drei Monaten getragen habe, ich bekomme ihre. Sind wir durch, wechseln die Tücher wieder den Besitzer. Vorteil: *Wir sparen beide nicht nur Geld, sondern auch Platz.*

Funktionstest

Der Funktionstest, den ich Ihnen schon im Schritt 2 ans Herz gelegt habe, ist für mich zu einem der wichtigsten Instrumente geworden, wenn es um die Frage geht, welche Dinge ich entsorge und welche ich neu anschaffe. Der Test ist enorm mächtig. Es geht nämlich nicht nur darum, Kleidungsstücke optisch danach zu beurteilen, ob sie noch okay sind. **Vielmehr muss man die Sachen tatsächlich in der Öffentlichkeit tragen**.

Und da sich die meisten nicht der Lächerlichkeit aussetzen wollen, hilft der Funktionstest nicht nur, verschlissene und mottenzerfressene Kleidungsstücke auszumisten, sondern auch alles, was zu groß, zu klein, unmodern oder einfach nur noch peinlich ist. Da geht es dann auch dem geerbten Pelz von Tante Erna rasch an den Kragen, der nun so gar nicht zum eigenen Stil passt. (Übrigens muss so etwas nicht in den Müll, sondern kann zum Secondhandladen, auf den Flohmarkt oder sogar zum Kürschner, der das Teil unter Umständen aufarbeitet oder umgestaltet.)

Mittlerweile habe ich das Prinzip so sehr verinnerlicht, dass ich mir den Verlauf des Funktionstests oft nur vorstellen muss, um von Neuanschaffungen abzusehen. Die tollen High Heels im Schaufenster? Früher hätte ich vielleicht ohne nachzudenken zugeschlagen und mich im Geiste schon elegant über einen roten Teppich schweben gesehen. Heute sehe ich, wie ich vor Karla und Vera über meine eigenen Füße stolpere und Karla mit süßem Lächeln sagt: *„Na, dann mal die Treppe runter und auf in die Fußgängerzone.“* (Ich würde die Treppe nicht überleben, aber unsere Fußgängerzone mit den schiefen Platten und den breiten Spalten dazwischen schon gar nicht.) Also gehe ich am Schaufenster vorbei und denke mir: *„90 Euro für den nächsten Wochenendtrip gespart.“*

Qualität und Bequemlichkeit

Gar keine Rolle sollte für Anhänger eines „schlanken“ Kleiderschranks spielen, dass das Angebot ein „Schnäppchen“ oder eine „einmalige Gelegenheit“ ist (oder beim Kauf war). Früher war das für mich ein großes Problem. Ich habe viele Dinge gekauft, die ich eigentlich nicht benötigt habe und die sich zu Hause bei näherer Betrachtung als total unbequem oder von minderer Qualität herausgestellt haben. Natürlich habe ich sie trotzdem nicht zurückgetragen. Und weil es ja ein absolut tolles Schnäppchen war, konnte ich es dann meist auch nicht übers Herz bringen, die Sachen nach zwei- oder dreimal Tragen wegzugeben.

Heute sind mir Qualität und Bequemlichkeit viel wichtiger. Schon im Geschäft achte ich sehr genau darauf, ob der Stoff gut verarbeitet ist und ich ihm zutraue, viele Wäschen unbeschadet zu überstehen. Und Bequemlichkeit lautet das oberste Gebot: *Sachen, die ich nicht bequem finde, trage ich auch selten.* Und damit rentiert sich die Anschaffung in Relation zur tatsächlichen Nutzung eigentlich nie.

Nutzungshäufigkeit

Oft hängen wir an Klamotten, die wir in Wirklichkeit fast nie anziehen. Auf einem kleinen Zettel sollten Sie notieren, wann Sie etwas zum letzten Mal getragen haben.

Alternativ zu unserer Post-it-Methode verwendet ich dazu auch **farbige Klebepunkte**: eine Farbe für einen Kontrolltermin, an dem z.B. alle T-Shirts (innen!) einen Punkt erhalten. Ziehe ich das T-Shirt an, dann entferne ich den Klebepunkt. Alle drei Monate überprüfe ich, was ich in dieser Zeit gar nicht getragen habe. Das ist ganz einfach, weil in diesen Sachen ja noch der farbige Punkt klebt.

Aber es sind nicht nur die Sachen, die man gar nicht trägt: Wir alle kaufen Sachen, die wir dann höchstens ein- oder zweimal anziehen. Danach verstopfen sie einfach nur noch die Schubladen und Kleiderschränke. Beim ersten Ausmisten (Schritt 2) übersieht man das leicht. **Deswegen ist es wichtig, auch in Zukunft immer mal wieder zu überprüfen, was man wirklich regelmäßig verwendet** – zumal sich die eigenen Vorlieben und Verhaltensmuster mit der Zeit auch verändern, wie ich an meinem Kleiderschrank sehr gut beobachten kann: Da fliegt immer mal wieder was raus, was ich bei der letzten Kontrolle noch als total wichtig für mich empfunden habe. Und drei Monate später muss ich dann einsehen, dass es zwar im Schrank toll wirkt, ich es aber doch nicht trage. Also: *bye-bye!*

Eins raus, eins rein

Was bedeutet es eigentlich, den Kleiderschrank und die Garderobe „in Balance zu halten"? Ganz einfach: Zu- und Abgänge müssen sich in etwa die Waage halten. Kommt mehr in den Schrank oder die Schublade rein, als entfernt wird, dann ist der Effekt der Kleiderschrank-Diät schnell wieder dahin.

Deshalb gilt bei mir mittlerweile: *Eins rein, eins raus!* Wenn ich mir etwas Neues leiste, dann muss ein altes Teil entsorgt werden – in der Regel aus der gleichen Kategorie. Das ist eigentlich total simpel, aber es ist verblüffend wirkungsvoll.

Na ja, es wäre enorm wirkungsvoll, wenn man sich strikt daran halten würde. Am Anfang ist mir das nicht immer gelungen: Ich kam mit der Einkaufstüte stolz nach Hause, habe dem Göga die neue Errungenschaft begeistert präsentiert, sie in den Schrank gehängt – und bekam dann schlechte Laune! Ich konnte mich oft nicht entscheiden, wovon ich mich jetzt im Gegenzug trennen sollte. Der Geist war willig, aber die Inge war schwach. Dann habe ich manchmal die Entscheidung eine ganze Woche vor mir her geschoben. Aber was sollte ich tun? Mich selbst betrügen und auf das Prinzip pfeifen? Wie dämlich ist denn das? Also war ich gefrustet und konnte mich über mein neues Stück gar nicht richtig freuen.

Der entscheidende Tipp kam dann von meinem Göga: Der hat angeregt, die Reihenfolge einfach umzudrehen. Jetzt geht erst irgendetwas aus dem Kleiderschrank raus und wird „freigesetzt“, bevor ich mir etwas Neues leiste.

Die neue Regel heißt also:
Eins raus, eins rein.

Seit ich die Reihenfolge verändert habe, kann ich mich an meinen neuen Errungenschaften vorbehaltlos erfreuen.

Multifunktional

Moni hat das Prinzip „Eins raus, eins rein“ auf die Spitze getrieben: Sie wollte ja einen ganzen Kleiderschrank loswerden. Also hat sie die Regel für sich angepasst:

(Mindestens) zwei raus, (maximal) eins rein!

Wir waren alle erst mal der Meinung, dass man das nicht schaffen kann. Aber Moni hat uns gezeigt, dass das sehr wohl klappt. Und dabei hat sie ein ganz cleveres Kriterium angewandt.

Hier ihre Quintessenz:

„Ich habe ziemlich schnell gemerkt, dass mein Ziel recht ambitioniert war. In den ersten Wochen hatte ich auch Schwierigkeiten damit, zumal ich festgestellt habe, dass ich nicht mehr spontan etwas kaufen konnte. Also war Planung angesagt. Einkaufszettel schreiben, genau überlegen und abwägen, was ich wirklich will und brauche. Und dann hat es irgendwann ‚Klick‘ gemacht, als ich hörte, wie Petra von ihrem Smartphone erzählte und was das alles für sie ersetzt und wie das dazu führte, dass sie ihre Handtasche so entrümpeln konnte. Plötzlich leuchtete über meinem Kopf das Wort ‚multifunktional‘ in allen Neonfarben auf. Das war auch die Lösung für meine Klamottenwahl: Ich achte jetzt bei

allem, was ich kaufe bzw. behalte, darauf, dass es multifunktional ist, sich beispielsweise gut kombinieren und in vielen Situationen tragen lässt."

Ehrlich: Ich würde Ihnen soooo gerne erzählen, dass ich darauf gekommen bin. Aber nein. Ich war es nicht. Trotzdem ist das Prinzip genial, wenn man es mal ein wenig sacken lässt. *In Verbindung mit Funktion, Bequemlichkeit, Qualität und Nutzungshäufigkeit hat man so die perfekte Entscheidungshilfe, um nicht nur für Balance im Kleiderschrank zu sorgen, sondern auch immer wieder neue Ecken zu finden, wo man weiter optimieren und abspecken kann.*

Leihen statt kaufen bzw. auch Second Hand kann sinnvoll sein

Gezielter und bewusster kaufen ist eine gute Strategie, um „schlank im Kleiderschrank" zu bleiben. Manchmal ist es aber auch gut, gar nicht zu kaufen oder Sachen sofort nach Gebrauch weiterzuverkaufen, statt sie zu horten.

Sachen, die Sie nur einmal im Jahr oder überhaupt nur zu einem einzigen Anlass brauchen, sollten Sie sich daher ausleihen, beispielsweise:

- Den Skianzug für den Urlaub kann man eventuell bei Freunden leihen.
- Abendgarderobe und Karnevalskostüme gibt es im Kostümverleih.
- Sogar Businesskleidung, Damenkostüme oder Nadelstreifenanzüge kann man ggf. mieten, wenn es mal drauf ankommt, sich für einen bestimmten Anlass oder eine Einladung (vielleicht bei der Queen?) in Schale zu werfen.

Findet man keine passende Möglichkeit, sich etwas zu leihen, dann muss man manchmal in den sauren Apfel beißen und die Sachen doch kaufen, obwohl man sie nur kurze Zeit benötigt. *Aber auch da muss es nicht immer Neuware sein.* Schauen Sie sich mal in Secondhandläden um, manche davon haben sich sogar auf Designermode zum kleinen Preis spezialisiert. Und auch Kleinanzeigen können manchmal wertvolle Quellen sein.

Ich bin allerdings vorsichtig, wenn ich mir gebrauchte Sachen nicht vorher anschauen kann, daher meide ich eBay und Co. in Fällen, wo es um besondere Anlässe geht. Aber wenn Sie ein wenig risikofreudiger sind, finden Sie auch im Internet ein großes Angebot gebrauchter Kleidung von privaten und kommerziellen Anbietern.

Der größte Fehler wäre dann, die Dinge nach der einmaligen Nutzung in den Kleiderschrank zu hängen und dort versauern zu lassen. Davon haben Sie nichts und der Zustand und Wert der Sachen wird in der Regel auch nicht besser. Also gekaufte Ballkleider nach der Saison vertickern. Oder die Sachen zurück zum Secondhandladen bringen, wo man sie her hatte (oder zu einem anderen). Natürlich „verlieren" Sie dabei Geld, aber das ist dann quasi der Preis, den Sie auch gezahlt hätten, wenn Sie sich das Teil irgendwo ausgeliehen hätten.

Kaufverhalten überprüfen

Das sagt sich alles so leicht:

- **keine unnötigen Klamotten** einkaufen
- immer eine **Übersicht** haben, was sich im eigenen Kleiderschrank befindet
- **Frustkäufe und Spontankäufe vermeiden**

- geschickt **kombinieren**: Layer-Technik, „Nudeln mit Soße“
- **Nutzwert** entscheidet: praktisch geht vor schick
- **Multifunktionsbekleidung** bevorzugen (auch gut, wenn man auf Reisen ist: weniger Gepäck)

Aber die latente Angst, nichts Passendes zum Anziehen zu haben, kennen wir trotzdem alle. Und in diesen Momenten packt uns dann der Wahn und wir kaufen Sachen, die wir gar nicht brauchen. Wir kaufen generell und vor allem in solchen Situationen **zu wenig zielgerichtet**: *„Sieht toll aus“* ist oft genug, um einen Kaufimpuls auszulösen. Aber häufig passt das dann so gar nicht zu unserer sonstigen Garderobe.

Ich habe schon mehrfach im Urlaub Klamotten gekauft, die ich zu Hause nie anziehen kann, weil ich gar nichts Passendes dazu habe. Auf der anderen Seite nannte ich lange Zeit zwar volle Schränke mein Eigen, aber hatte darunter nicht eine (!) perfekte Kombination für Businesstermine. Und die optimalen, aufeinander abgestimmten Laufklamotten habe ich mir auch erst vor Kurzem gegönnt.

Ich habe mir angewöhnt, alle Käufe zu notieren bzw. abzufotografieren und jeweils kurz dazu den Grund zu notieren, der mich zum Kauf veranlasst hat. (Natürlich nicht für einen Liter Milch oder eine Tafel Schokolade, aber z.B. für Klamotten, Schuhe, Taschen.) Am Anfang konnte ich als realistischen Grund oft nur dazu schreiben: „Gelegenheit schien günstig“, „Sonderangebot“ oder „Mir war danach“.

Mit meinem kleinen **Kauftagebuch** konnte ich auch feststellen, wie häufig ich mir neue Sachen gekauft habe – und wann. Das war besonders aufschlussreich: Denn oft war das nach dem Büro. Und eigentlich wollte ich mich nur **für einen stressigen Tag entschädi-**

gen oder mich **für eine tolle Leistung belohnen**, die mein Chef mal wieder als ganz selbstverständlich angesehen hat.

Fazit: *Ich versuche jetzt, Läden auf dem Nachhauseweg zu meiden*, und gehe lieber am Spa oder beim Lieblingsitaliener vorbei. Wellness für die Seele und kulinarischer Genuss statt Frust-Shopping fürs Ego.

Petra und Karla haben das mit dem Kauftagebuch übrigens auch angefangen und ähnliche Erfahrungen gesammelt. Was mich durchaus beruhigt hat: Ich dachte schon, ich sei allein so gepolt.

Mit diesen Tricks habe ich schon mal meine Spontankäufe reduziert. Probieren Sie es aus, es hilft wirklich! Jetzt muss man nur noch die tatsächlich notwendigen Anschaffungen rational durchziehen.

Also Shopping nach Einkaufsliste – und nur nach Einkaufsliste.

Das hat in unserem kleinen Städtchen allerdings den Nachteil, dass die Auswahl nicht immer riesig und das tatsächlich Gesuchte meist nicht vorhanden ist. Wir tigern jetzt also manchmal zu dritt los (zu viert oder fünft irgendwo in eine Boutique einzufallen, weil eine von uns einen Gürtel sucht, ist dann doch ein wenig heftig). Erst mal treffen wir uns im Café, da wird genau bequatscht, was wer braucht – möglichst detailliert. Und dann geht es in die Läden, wobei die zwei Wachhunde immer unisono sagen: *„Das ist nicht, was du suchst!“* Naja, so ähnlich. Auf jeden Fall achten sie darauf, dass nur wirklich Passendes gekauft wird.

Ganz wichtig ist allerdings, dass die Begleiterinnen nicht selbst mit tollen Vorschlägen kommen, sondern sich zurückhalten. Also kein: „Oh, schaut mal, ist das nicht hübsch?“ Dann kommen wir nämlich anschließend zu dritt mit vollgepackten Tüten aus dem Laden und die hart erarbeitete Shopping-Zurückhaltung wurde kampflos aufgegeben.

Solche **gemeinsamen Erfahrungen** (auch das Feedback von Freundinnen beim gemeinsamen Funktionstest) sind unheimlich viel wert, wenn es darum geht, den eigenen Stil zu erkennen und zu vervollkommnen. Aber manchmal reicht das nicht. Dann muss eine tiefergehende Beschäftigung mit Stilfragen her.

Der eigene Stil

Vor einiger Zeit habe ich eine **Farb- und Stilberaterin** kennengelernt, die mir ein paar Denkanstöße gegeben hat. Zum einen habe ich von ihr gelernt, dass ich nicht allein bin mit dem Problem, einen vollen Kleiderschrank, aber trotzdem nichts zum Anziehen zu haben. Viele ihrer Klientinnen kommen zu ihr, weil genau dieses Problem sie quält.

Die zentrale Erkenntnis aber war, dass ich mir deshalb ein wildes Sammelsurium an nicht zueinander passenden Klamotten gekauft habe, weil ich keinen eigenen Stil hatte – oder etwas freundlicher ausgedrückt: meinen eigenen Stil (noch) nicht gefunden hatte. Dann probiert man alles Mögliche aus, ist aber ständig unsicher, ob die Sachen zu einem (und zueinander) passen. Aus einem überquellenden Kleiderschrank spricht also auch Unsicherheit (ich will jetzt nicht so weit gehen, generell Stillosigkeit zu unterstellen, aber bei mir war das zum Teil auch der Fall).

Führen Sie sich einmal die Konsequenzen dieser Erkenntnis vor Augen: Sie kaufen planlos Dinge, von denen Sie nicht sicher sind, ob sie zu Ihnen passen. So vergrößern Sie nur das Chaos in Ihrem Kleiderschrank und setzen sich in Zukunft noch mehr unter Druck. Da Sie unsicher sind, was eigentlich Ihr Stil ist, können Sie sich auch von nichts trennen – zumal Sie vor sich selbst nicht zugeben können, dass Sie viel Geld für Klamotten völlig unsinnig ausgegeben haben. So nehmen Sie sich selbst die Luft zum Atmen und den Platz in Ihrem Kleiderschrank.

Das kostet Geld, ist stressig und geht einem in Wirklichkeit doch selbst auf den Geist, oder? Der einzige Vorteil dabei ist, dass die immer schlechter werdende Qualität der Modeklamotten keine große Rolle spielt: Wenn man die Sachen eh nur vier- oder fünfmal trägt, dann ist es auch egal, wenn sie danach schon verschlissen sind oder in der Waschmaschine komplett die Form verlieren. Aber ehrlich: Das ist ein schwacher Trost.

Wenn Sie erst mal Ihren eigenen Stil gefunden haben, werden Ihre Käufe gezielter und Sie kaufen nichts mehr, was nicht zu Ihnen passt. Deshalb ist es so wichtig, den eigenen Stil zu finden. Legen Sie sich fest, ziehen Sie ggf. Ihre Freundinnen zu Rate oder holen Sie sich professionelle Hilfe durch eine gute Stilberaterin. Die Kosten dafür holen Sie schnell wieder rein, weil Sie Ihre Garderobe künftig viel zielgerichteter auswählen und Ihr Geld nur für Bekleidung und Accessoires ausgeben, die Sie wirklich regelmäßig nutzen.

Meine eigene Angst war, dass ich mich mit meinem eigenen Stil zu sehr einschränke und festlege. Der eigene Stil als Uniform, auf die man dann festgelegt ist – auch deshalb, weil man gar nichts anderes im Kleiderschrank hat. Aber diese Angst war natürlich unbegründet. Und das führt mich zum Thema „Signature Dress".

„Signature Dress": die ganz persönliche Uniform

Zig gleiche Hemden kaufen?

Zig gleiche Socken kaufen?

An dieser Stelle scheiden sich die Geister, auch in unserer kleinen Gruppe: Moni träumt manchmal davon, dass sie wie Steve Jobs immer das gleiche Outfit, so eine Art **„Signature Dress“**, anziehen könnte. Nie wieder vor dem Kleiderschrank stehen und sich unsicher fragen: „Was soll ich heute tragen?“ Und im Geschäft nicht ständig das Gefühl zu haben: „So was habe ich gar nicht. Sollte ich mitnehmen.“

Petra hätte am liebsten eine Schuluniform für ihre modesüchtige und pubertierende Tochter, die sich auch mal bei Muttern im Kleiderschrank bedient. Auf der gegenüberliegenden Seite der Skala befindet sich Karla. Die kann man fast schon als **Fashionista** bezeichnen, für sie muss die Kleidung zur Stimmung passen und Lebensgefühl ausdrücken. Heute schick, am Abend bequem, morgen gestylt und übermorgen „businesslike“. Und bloß nicht zweimal pro Monat exakt das gleiche Outfit tragen. Für Karla ist ein Uniform-Ansatz undenkbar, wobei sie durch ihre vielen Mitgliedschaften in Clubs und Vereinen sicher auch sozialen Druck spürt.

Hardcore-Minimalisten sind gar überzeugt davon, dass man nur zwei Hosen und eine Handvoll Hemden oder T-Shirts benötigt. Sie stellen sich eine Art persönlicher „Uniform“ zusammen, so dass alle Bekleidungsstücke aufeinander abgestimmt und miteinander kombinierbar sind. Das wäre uns wohl allen zu radikal. Die meisten „normalen“ Menschen befinden sich, wie auch wir in unserer Gruppe, irgendwo zwischen diesen Extremen.

Doch so ein **„Signature Dress“-Konzept hat durchaus seine Vorteile**:

- Die Zahl der benötigten Kleidungsstücke nimmt ab.
- Man gewinnt Zeit, weil man am Morgen nicht unentschlossen vor dem Kleiderschrank steht und sich fragt: *„Was soll ich heute anziehen?“*

- Impulskäufe werden unwahrscheinlicher, weil sie sich nicht in das Konzept integrieren lassen.
- Einkauf und Nachkauf werden vereinfacht, weil man genau weiß, wonach man sucht, und gleich ganze Stapel der gleichen Blusen, Shirts, Hosen, Socken und Unterwäsche kaufen kann.

Irgendwie passt der Uniformansatz natürlich vor allem für Männer: Apple-Gründer Steve Jobs war ein typischer Uniform-Verfechter: Er trat in der Öffentlichkeit stets im gleichen Outfit auf: blaue Jeans, schwarzer Pullover, Sneaker. Für Jobs wurde dieses Outfit faktisch zu seinem Markenzeichen. Von Albert Einstein ist bekannt, dass er sich gleich mehrere Exemplare seiner grauen Anzüge fertigen ließ, mit der Begründung, so würde er morgens Zeit sparen. Und auch Barack Obama trägt in der Regel das gleiche Outfit.

Für uns Ladys hat das „Signature Dress"-Konzept unter Umständen auch Nachteile: So ist nicht jedes Outfit für jede Situation geeignet, und vor allem in beruflichen Situationen kann es notwendig sein, sich einer gewissen Erwartungshaltung zu unterwerfen. Das bedeutet aber nicht, dass Sie das Konzept nicht für Ihre Freizeit adaptieren können. Zumindest **für Unterwäsche, Socken usw.** ist es aber auf jeden Fall überlegenswert, die gleichen Dinge mehrfach zu kaufen, wenn sie wirklich gut passen. Und auch zum „Nudeln und Soße"-Prinzip passt es gut: Wir können unsere Nudeln (also die Basiskleidung) nach dem Uniform-Konzept auswählen und dann mit der Soße (also den Accessoires, zusätzlichen Layern, Tüchern und farbigen Highlights) für Abwechslung sorgen.

Beim Einkauf müssen Sie allerdings viel mehr als früher auf **Qualität, Haltbarkeit und Bequemlichkeit der Klamotten** achten. Zwar wird der Preis zweitrangig, da Sie ja weniger Kleidungsstücke kaufen, aber Qualität und Haltbarkeit lassen sich oft erst nach einigen Wochen Nutzung beurteilen. Kaufen Sie also gleich fünf identische

T-Shirts und stellen dann fest, dass diese schon nach zwei Wäschen die Form verlieren, dann ärgern Sie sich genauso, wie wenn Sie zunächst Testkäufe tätigen und dann feststellen, dass identische Ware wenige Wochen später nicht mehr in Ihrer Größe erhältlich ist oder es sich um eine neue Lieferung handelt, die doch ganz anders ausfällt als das ursprüngliche Kleidungsstück.

Manche Verfechter des Uniform-Konzepts favorisieren daher Angebote von **Websites, die auf Maßfertigung oder Unternehmensbekleidung spezialisiert sind**. Hier können Sie in der Regel Größe, Qualität und Ausstattungsmerkmale detailliert festlegen, zugleich ist die längerfristige Verfügbarkeit gewährleistet, so dass Nachbestellungen möglich sind. Allerdings beliefern manche dieser Dienste keine Privatpersonen oder verlangen eine gewisse Mindestbestellmenge. Eine Alternative sind normale Online-Shops, bei denen man notfalls von seinem Rückgaberecht Gebrauch machen kann.

Alle vorstehenden Ausführungen zur Bekleidung lassen sich auch auf Schuhe, Accessoires und Taschen übertragen, wobei hier noch stärker die Nützlichkeit im Vordergrund stehen sollte: Schuhe und Taschen sollen natürlich gut aussehen, aber in erster Linie müssen sie praktisch sein!

Lücken im Kleiderschrank

Auch wenn Sie dem Uniform-Ansatz für sich nichts abgewinnen können, sollten Sie Impulskäufe unbedingt vermeiden. **Kaufen Sie nur Teile, die sich gut mit Ihrer bestehenden Garderobe und Ihrem persönlichen Stil kombinieren lassen, und vermeiden Sie unnötige Dopplungen.** Wenn Sie schon keine „Uniform" haben wollen, dann sollten Sie auch nicht fünf Blusen in nur leicht unterschiedlichen Formen und Grüntönen Ihr Eigen nennen. *(Umgekehrt besteht der Vorteil beim „Signature Dress" natürlich gerade durch die Dopplungen!)*

Nehmen Sie wie ich einen Freund oder eine Freundin zum Einkauf mit oder bestellen Sie mit Rückgaberecht im Internet und machen Sie dann gemeinsam im Laden oder zu Hause den Test, ob die Kleidungsstücke funktional, qualitativ und stilistisch in Ordnung sind und Ihnen nicht nur passen, sondern auch stehen.

Mit der Zeit entwickelt sich dann das Gespür für die Lücken im Kleiderschrank: Wenn Sie Ihren eigenen Stil gefunden haben, dann fällt es Ihnen leichter, zu erkennen, was Ihnen zur Ergänzung Ihres Outfits noch fehlen könnte. Und genauso merken Sie intuitiv (oder mit den Tipps und Übungen, die ich im Buch eingestreut habe), wo Sie noch Speck im Schrank versteckt haben, auf den Sie verzichten können.

Nehmen Sie sich vor, nur noch Anschaffungen zu tätigen,

- die entweder **andere Sachen ersetzen**
- oder aber diese **Lücken schließen** und perfekt zu Ihrer bestehenden Garderobe und Ihrem Stil passen.

Handarbeit ist in

Auch Selbermachen ist eine Möglichkeit. Vera hat als Erste von uns den Trend zum Stricken, Häkeln, Filzen und Basteln aufgegriffen. Derzeit sind die Buchhandlungen voll von Büchern mit Handarbeitsanleitungen. Volkshochschulen entdecken das Thema für Kurse wieder. Und sogar Männer häkeln sich ihr Mützchen neuerdings selbst.

Dabei geht es nicht in erster Linie darum, Geld zu sparen: *Selbstgemachtes ist individuell, und etwas Eigenes zu schaffen gibt eine enorme Befriedigung.* Und das Stricken oder Häkeln selbst kann man als entspannend und meditativ empfinden. Wer will da noch in den Spa?

Allerdings muss ich gestehen, dass ich da eher „einfach gestrickt" bin: Komplexe Anleitungen bringen mich zur Verzweiflung und ich werde mir sicher nicht meine ganze Garderobe selbst schneidern. Für mich ist das vor allem was für die „Soße", also kleine Accessoires, schmückendes Beiwerk und so. Neulich habe ich mir beispielsweise an einem Abend total geniale Armwärmer gestrickt. Das Tolle dabei: Mit extradicken Nadeln und dickem, bunten Garn entsteht wie von Zauberhand innerhalb kürzester Zeit ein verblüffendes und ganz einmaliges Ergebnis, das auch noch gut aussieht. *Ja, Sie könnten auch sagen, ich habe mit grobem Garn zwei simple Röhren gestrickt, die nicht mal exakt gleich lang sind. Aber immerhin.*

> *Übrigens: Neben den klassischen Handarbeitstechniken ist auch das Prinzip „Aus Alt mach Neu" groß in Mode. Alte Klamotten kann man aufarbeiten bzw. ändern, wenn sie nicht passen. Und mit ein paar peppigen Ideen macht man aus dem etwas heruntergekommenen Stück mit ein paar Applikationen und ein wenig Farbe oder Glitzer einen echt Hingucker.*

Auch hier ist wieder besonders befriedigend, sich sein ganz eigenes Einzelstück zu schaffen. *Wenn Sie so gar kein Talent oder keine Lust dazu haben, können Sie brauchbare Sachen aber auch in der nächsten Änderungsschneiderei anpassen und aufarbeiten lassen.*

So, genug Tipps und Hinweise zum eigenen Stil, zurück zur Analyse unseres Einkaufsverhaltens.

Raus aus dem Märchenland: Preis-wert und realistisch einkaufen

Ein weiteres Problem beim Einkauf: Wir entscheiden uns sehr häufig rein nach der Optik. Und das auch noch für ein Wunschbild von uns, das wir gar nicht sind.

Wir sehen uns in einem Märchenland als Prinzessin, die leichtfüßig von ihrem Pferd steigt (oder wahlweise aus der Stretchlimo), um durch das Blitzlichtgewitter der wartenden Paparazzi in unser Eckbüro im 45. Stock zu eilen, wo uns unser wohlgebauter Assistent gleich die Mappe mit den unterschriftsreifen Verträgen reicht. Die Frisur sitzt, das Kleid ist figurbetont und nie eine Laufmasche im Strumpf. Und wenn wir unsere Inge Dinge überall druntergesetzt haben, dann wartet schon der nächste Empfang auf uns.

Tja, leider sieht die **Realität** bei den meisten von uns anders aus. Und aus der leichtfüßigen Prinzessin wird die etwas pummelige Büroangestellte, die den ganzen Tag von A nach B hetzt und froh sein kann, wenn Outfit und Schuhwerk den Stress mitmachen und es weder Schweißflecken noch Blasen an den Füßen gibt.

Aber wie oft kaufen Sie tatsächlich praktisch und für den Alltag ein? Und wie oft bedienen Sie bei Ihren Shopping-Touren eher die Prinzessin in sich? Beim Sichten Ihrer Garderobe haben Sie ja schon festgestellt, wie viele Stücke Sie besitzen, die Sie aus unterschiedlichsten Gründen nie anziehen: keine passenden Gelegenheiten, unbequem, nicht alltagstauglich, sitzt nicht. Die Prinzessin lässt grüßen, übernimmt aber die Rechnung nicht.

Mittlerweile kaufe ich vor allem „praktisch“ – 50 Euro für bequeme, angenehm zu tragende 08/15-Jeans sind besser angelegt als 100 Euro für schicke Designer-Jeans (runtergesetzt von 298 Euro), deren Stoff aber total steif und deren Aufmachung zu auffällig ist, um sie oft zu tragen.

Achten Sie auf Qualität und Nutzwert: Das Schnäppchen für 15 Euro lasse ich heute ohne Bedauern links liegen, weil ich mittlerweile mit kurzem Griff und Blick feststellen kann, dass das Material keine drei Wäschen durchhält.

Also: Raus aus dem Märchenland und rein ins richtige Leben. Auch, was Ihren Kleiderschrank betrifft.

Ihr gutes Recht: Rückgabe- und Umtauschrecht beachten und ausnutzen

Manchmal ist es schwierig, im Geschäft final zu entscheiden, ob ein Kleidungsstück gut zur eigenen Figur und zu der restlichen Garderobe passt, die man schon hat. Früher landeten diese „unpassenden" Klamotten bei mir dann oft einfach in der hinteren Schrankecke. Es war mir zu aufwendig, die Sachen umzutauschen. Oder es war mir peinlich, zuzugeben, dass ich mich so verhauen hatte. Oder ich wäre mir wie ein Bittsteller vorgekommen. Oder auf dem Kassenzettel stand: *„Sonderangebote sind vom Umtausch ausgenommen."*

Ich schätze, dass zu manchen Zeiten 20 Prozent in meinem Kleiderschrank mehr oder weniger krasse **Fehlkäufe** waren, die ich aus den verschiedensten Gründen trotzdem behalten habe.

Heute kaufe ich nur noch dann, wenn ich mir sicher bin, dass ich die Sachen bei Nichtgefallen zurückgeben oder umtauschen kann. Das bedeutet zugleich, dass ich auf viele Abverkaufsangebote verzichte, weil hier der Umtausch bei Nichtgefallen explizit ausgeschlossen ist.

Mittlerweile bestellen viele auch immer häufiger Klamotten im Internet. Beim **Online-Shopping** kann man zu Hause ganz in Ruhe entscheiden, ob sie passen. Petra nutzt diese Möglichkeit beispielsweise sehr gerne. Und sie sieht darin noch einen anderen

Vorteil: Sie kann bei Bedarf auch gleich drei oder vier Hosen vom gleichen Modell und der gleichen Größe bekommen, wenn sie sich damit wirklich wohl fühlt. In den Boutiquen und Klamottenläden in unserer Stadt ist das quasi unmöglich.

Jetzt will ich keinesfalls suggerieren, dass Sie das **Rückgaberecht** schamlos ausnutzen sollen. Eine Bekannte kauft sich vor größeren Festen gezielt neue Klamotten mit der festen Absicht, sie nach dem Wochenende wieder zurückzugeben. Das finde ich echt ätzend und schäbig.

Für mich ist das mit der Rückgabemöglichkeit aus einem anderen Grund so wichtig: *Die Sachen, die ich hinten in meinem Kleiderschrank im Rahmen der Dinge-Diät gefunden habe, hätte ich eigentlich umtauschen sollen – aber der innere Schweinehund hat mich davon abgehalten.*

Natürlich waren die Sachen neu und auch irgendwie hübsch, nur passten sie eben (zu) mir nicht so, wie erhofft. Und dann landeten sie hinten im Schrank: zu schade, um sie wegzuwerfen, ich zu faul (oder zu feige), um sie umzutauschen oder zurückzugeben, und in der irrigen Hoffnung, dass sich ja doch noch eine Gelegenheit ergeben könnte, dass ich ein wenig abspecke, die Sachen perfekt zu irgendeiner künftigen Situation passen oder ich sie ja irgendwann ändern (lassen) könnte. Nichts davon ist je eingetreten. Und die Sachen verschwanden immer tiefer im Schrank, machten da Klamottensex und kriegten Nachwuchs. Quatsch, die haben natürlich keinen Nachwuchs produziert, das weiß ich auch. Aber wenn nicht sie, dann muss ich dafür verantwortlich sein, dass der Berg dieser „unpassenden" neuwertigen Klamotten immer weiter gewachsen ist.

> *Geht es Ihnen ähnlich? Haben auch Sie Dinge im Kleiderschrank, die Sie bei rationaler Betrachtung eigentlich besser*

gleich hätten umtauschen oder zurückgeben sollen? Schluss damit!

Schließen Sie mit sich einen Pakt: Es kommt nichts Neues mehr in den Kleiderschrank, von dem Sie nicht wirklich überzeugt sind!

Spezialthema: Online-Shopping

Die einen lieben es, die anderen hassen es: Klamotten und Schuhe im Internet bestellen. Mittlerweile kaufen mehr als die Hälfte der Verbraucher Kleidung (auch) online ein. Das entspricht auch in etwa dem, was wir in unserer kleinen Gruppe festgestellt haben.

Die größten Vorteile:

- Ich kann **in Ruhe zu Hause überlegen**, was ich überhaupt haben möchte, und bin nicht darauf beschränkt, was in unserer lokalen Boutique oder Filiale von H&M, C&A oder was auch immer vorhanden ist.

- Das Zeug **kommt bequem nach Hause** und ich muss keinen Parkplatz suchen, nichts schleppen und stehe nicht unter Zeitdruck.

- Zu Hause kann ich die Sachen **problemlos ausprobieren** und ggf. eine oder mehrere Vertrauenspersonen fragen, ob mir etwas steht. Im Geschäft ist man auf die Aussage der Verkäuferin angewiesen (wenn überhaupt eine verfügbar ist) oder muss eine Bekannte mitschleifen, was vielen unangenehm ist – auch wenn wir uns, wie an anderer Stelle beschrieben, gerne zum gemeinsamen Shopping verabreden. Aber wir sind mittlerweile auch ein eingespieltes Team.

Auswahl und Bequemlichkeit sind also wichtige Faktoren. Und wenn etwas nicht passt oder nicht gefällt, kann ich es (leidlich) **problemlos zurücksenden**. Zugegeben: Mittlerweile ist das Rücksenden nicht mehr bei jedem Anbieter kostenlos möglich, man muss zur Post gehen und insgesamt sollte man es nicht übertreiben, aber das ist ohnehin klar und man sollte auch nichts „nur mal so“ bestellen, denn letztlich tragen die Kosten dafür alle Kunden.

Vera schwört noch auf einen anderen Vorteil: Wenn ihr etwas wirklich gut gefällt und passt, kann sie online **einen ganzen Stapel davon ordern** – gleiche Größe, meist gleiche Charge, wenn sie sich beeilt. Im Laden hier in der Stadt sind viele Dinge maximal ein- oder zweimal in der jeweiligen Größe vorhanden und *„noch eins in einer anderen Filiale besorgen“* geht meist auch nicht problemlos.

Auch der **Preisvergleich** ist im Internet leichter, zudem kann man in Ruhe überlegen: So wird „rationaleres“ Shoppen möglich. Im Geschäft habe ich früher schneller bei einem tollen Angebot zugegriffen, weil es als eine einmalige Gelegenheit schien – und fragte mich später oft, ob das Angebot jetzt wirklich ein Schnäppchen war. Allerdings muss ich gestehen, dass ich mich mit dem Online-Shopping schwerer tue als beispielsweise Vera und Petra: Ich kann mir die Sachen besser vorstellen, wenn ich sie in natura vor mir sehe.

Vermutlich wird gerade bei Kleidung noch lange ein Nebeneinander von großen und kleinen Läden und Online-Shops existieren. Und das ist gut so. Aber manchmal, das muss auch ich zugeben, hat Online-Shopping durchaus seine Vorteile.

RESSOURCEN: WEBLOGS UND BÜCHER

Petra stöbert viel im Internet zum Thema Vereinfachen, Entrümpeln, einfaches Leben und bewusster Konsumieren herum. Sie hat uns ein paar lesenswerte Blogs empfohlen, die sich auch mit Kleidung und dem schlanken Kleiderschrank beschäftigen:

http://feschesmascherl.blogspot.co.at

http://ichkaufnix.wordpress.com

http://kunterbunt11.wordpress.com

http://malmini.de

http://minimalismus-leben.de

http://minimalismusundmehr.wordpress.com

http://organisiert-leben.de

http://www.schwingelschwingeldingdong.com

http://widerstandistzweckmaessig.wordpress.com

Und natürlich hat Petra auch ein paar Bücher zum Thema, die wir uns nun reihum von ihr leihen dürfen ;-)

Kaller, Nunu: *Ich kauf nix! Wie ich durch Shopping-Diät glücklich wurde*, KiWi-Taschenbuch 2013

Kondo, Marie: *Magic Cleaning: Wie richtiges Aufräumen Ihr Leben verändert*, rororo 2013

Köpp, Constanze: *Aufgeräumt leben: Warum weniger Haben mehr Sein ist*, Knaur 2014

Küstenmacher, Marion und Werner Tiki: *simplify your life: Küche, Keller, Kleiderschrank entspannt im Griff*, Campus 2005

Mester, Pia: *Minimalismus im Kleiderschrank: Entrümpeln und den eigenen Stil finden*, Kindle Edition (ohne Jahr, 2013)

Stolpmann, Markus: *WENIGER! So entmüllen Sie Ihr Leben*, KAMACO 2013

FAQ: DIE HÄUFIGSTEN FRAGEN ZUR DINGE-DIÄT

Nach der Veröffentlichung von „Die Dinge-Diät: Leichter leben mit weniger Kram" haben mich viele Fragen zum Thema erreicht. Nachstehend die häufigsten zusammen mit meinen Antworten.

Sie haben noch mehr Fragen, die das Buch nicht beantwortet, oder wollen unbedingt etwas loswerden? Besuchen Sie meine Website ingedinge.de und schreiben Sie mir eine Nachricht. Wenn Ihnen das Buch gefällt, dann empfehlen Sie es doch weiter oder verfassen Sie eine kurze Rezension. Ich freue mich immer über Feedback.

1. Was ist die Dinge-Diät?

Die *Dinge-Diät* ist der Versuch von uns fünf Mädels, quasi in Form einer kleinen Selbsthilfegruppe unsere Wohnungen auf Diät zu setzen und von Konsumspeck und Wohlstandsballast zu befreien. Dabei haben wir uns an klassischen Diäten orientiert – mit Übungen zum Abspecken und Rezepten zum Gewicht halten.

2. Warum sollte ich eine Dinge-Diät machen?

Schauen Sie sich in Ihrer Wohnung um: Gibt es Ecken, die Sie nerven? Zimmer, deren Türe Sie lieber verschlossen halten, wenn

Besuch kommt? Schränke und Schubladen, die übervoll mit „Kram“ sind? Horten Sie Sachen, die Sie vermutlich nie mehr brauchen – nur für den Fall der Fälle? Fühlen Sie sich eingeengt, belastet Sie all das Zeug? Oder belohnen Sie sich manchmal mit Dingen, die Sie dann doch nie nutzen? Dann ist es Zeit für eine *Dinge-Diät*.

Vielleicht ziehen Sie aber auch in eine neue Wohnung: Eine gute Gelegenheit, sich von unnötigem Zeug zu befreien. Oder Sie möchten mit Ihrem Geld besser auskommen und merken, dass Besitz vor allem belastet und Sie eh nichts davon „mitnehmen“ können: Stecken Sie das gesparte Geld lieber in echte Erlebnisse, die Ihnen niemand mehr nehmen kann.

Ziel unserer *Dinge-Diät* ist es, bewusster zu wohnen und zu konsumieren, sowie mehr Freiraum zu schaffen, um wirklich lebenswert zu leben. Uns haben unsere überfrachteten Wohnungen buchstäblich erdrückt und die Luft zum Atmen genommen. Das wollten wir ändern und haben bemerkt: Einfach Entrümpeln reicht da nicht!

3. Diät bedeutet ja Verzicht, muss ich wirklich auf alles verzichten?

Nein, natürlich nicht. Ein paar Mal hat man uns gesagt, wir könnten ja gleich ins Kloster gehen. Aber ich lebe wirklich nicht asketisch (und die anderen auch nicht), ganz im Gegenteil: Es geht bei der *Dinge-Diät* darum, all das loszuwerden, was wir eh nicht brauchen. Das befreit und bedeutet, dass man sich auf andere Dinge konzentrieren kann: **Erlebnis statt Besitz!**

Wer sich weniger Klamotten, Schuhe, Gadgets, DVDs oder Lebensmittel kauft, die dann doch nur in der Ecke liegen, kann mit dem gesparten Geld in Urlaub fahren, in den Zoo gehen, sich im Spa verwöhnen lassen oder beim Lieblings-Italiener schlemmen.

Das genieße ich viel mehr als noch eine Handtasche oder noch eine Kette.

4. Brauche ich unbedingt Freundinnen, um mit der Dinge-Diät zu starten?

Nein, Sie können natürlich auch alleine mit einer *Dinge-Diät* starten. Aber es hilft enorm, ein paar Mitstreiter zu haben: Die liefern zusätzliche Impulse, das Mit- und Gegeneinander motiviert enorm und es macht richtig Spaß.

Allerdings kann auch der Lebenspartner eine gute Unterstützung sein, man kann mit/gegen die eigenen Kinder Entrümpel-Wettbewerbe machen und vielleicht geht es sogar mit der eigenen Mutter/ Schwiegermutter (das habe ich aber nicht ausprobiert und will das nicht als Tipp verstanden wissen).

5. Für meine Freundinnen/meinen Lebenspartner ist das alles so gar kein Thema, was kann ich machen?

Die belügen sich nur selbst ;-)

Im Ernst: Das Thema belastet sehr viele, auch wenn sie es nicht offen zugeben. Die eine oder andere Problemzone hat jeder bei sich versteckt. Wie groß das Unbehagen ist, das daraus entsteht, ist natürlich unterschiedlich.

Auf der anderen Seite haben viele schon aufgegeben, haben enorme Verlustängste oder zweifeln an sich selbst. Da helfen die Argumente aus dem Buch, welche Vorteile die *Dinge-Diät* hat. Ich habe noch mit niemandem gesprochen, der wirklich nichts gefunden hätte, was überflüssig ist und als Ballast empfunden wurde.

Wenn man sich also die Vorteile vor Augen führt, gelingt es auch leichter, andere von der *Dinge-Diät* zu überzeugen. Nicht unterkriegen lassen: Einfach dran bleiben, mit gutem Beispiel voran gehen und die anderen immer wieder triezen.

6. Was, wenn ich trotzdem keine Mitstreiter finde?

Die Tipps und Anregungen funktionieren auch ohne „Selbsthilfegruppe". Letztere ist vor allem nützlich, um nicht bei den ersten Rückschlägen den Mut und das Vertrauen in sich zu verlieren. Zudem gibt jedes Augenpaar immer einen zusätzlichen Blickwinkel und damit auch neue Ideen.

Aber mit guter Dokumentation (sei es für sich alleine oder auch öffentlich in einem Blog – auch unter Pseudonym) der Abspeck-Bemühungen und -Resultate kann man die Motivation auch alleine hoch halten. Und wenn man keine Freundin hat, mit der man sich im Wettbewerb messen kann, dann tritt man einfach gegen seine eigenen Ergebnisse an.

7. Aber das ist so ein riesiger Berg. Wie finde ich überhaupt einen Anfang und verzweifle nicht?

Wir kennen das alle: Irgendwann kriegt man den Rappel, fängt an, auszumisten ... und ein paar Stunden oder Tage später gibt man erschöpft auf. **Drei wichtige Punkte bei der *Dinge-Diät*:**

1. Fangen Sie in einem überschaubaren Bereich an – vor allem, wenn Sie keine Unterstützung haben. Der Kleiderschrank, die Garderobe, der Küchenschrank *oder* der Schreibtisch. Nicht alles auf einmal.

2. Dokumentieren Sie Ihren Erfolg: *vorher, zwischendurch, nachher.* Das motiviert ungemein!

3. Handeln Sie schnell. Wenn weg, dann weg. Nicht grübeln, kein „aber vielleicht" ... das macht alles nur viel viel schwerer!

Und sprechen Sie mit einer Vertrauensperson über Ihr Vorhaben und Ihre Ziele. Auch das spornt an. Falls Sie gar niemanden haben, mit dem Sie über Ihre *Dinge-Diät* reden können, dann schreiben Sie mir einfach eine Nachricht. Sie müssen sie nicht mal abschicken: Schon das Schreiben hilft, ehrlich!

8. Wo kann ich weitere Informationen zur Dinge-Diät finden?

Wenn Sie sich über die *Dinge-Diät* auf dem Laufenden halten wollen, sollten Sie regelmäßig meine Website ingedinge.de besuchen. Dort finden Sie auch die Materialien zum Buch als Download und viele Tipps und Denkanstöße, um Ihre Wohnung auf Diät zu setzen.

Für Ihre Notizen:

DIE AUTORIN

Inge Dinge lebt mit ihrem Mann in einem kleinen Haus in einer deutschen Kleinstadt. Gemeinsam mit ihren Freundinnen hat sie dem Gerümpel in ihrem Leben den Kampf angesagt. Dabei hat sie die Lust am Schreiben gepackt und so hat sie ihr erstes Buch verfasst: „Die Dinge-Diät: Leichter leben mit weniger Kram".

Dies ist ihr zweite Buch zur Dinge-Diät, das aus den Fragen und Rückmeldungen vieler LeserInnen entstand.

Mehr zu Inge und der Dinge-Diät gibt es auch online unter:

http://www.ingedinge.de

Das Ende dieses Buches – der Beginn Ihrer Dinge-Diät!

Damit sind Sie am Ende angekommen. Jetzt liegt es an Ihnen, unsere Anregungen an Ihre persönliche Situation anzupassen und sie umzusetzen. Denken Sie immer daran: Es ist Ihr Leben und Ihre Wohnung, nehmen Sie die Dinge in die Hand!

Natürlich freue ich mich, wenn Sie Die Dinge-Diät weiterempfehlen und eine kurze Rezension schreiben. Haben Sie Anregungen oder Kritik? Schreiben Sie mir über den Verlag an contact@kamaco.info.

Vielleicht besuchen Sie mich auch auf www.ingedinge.de: Dort gibt es weitere Infos, Tipps und Downloads zur Dinge-Diät.

Ihre Inge Dinge

KAMACO-Verlagsprogramm

Weitere Informationen zum KAMACO-Verlagsprogramm finden Sie im Internet auf www.kamaco.info. Sie möchten erfahren, wenn wir etwas Neues zu den Themen Lebensgestaltung, Minimalism und Zufriedenheit publizieren? Dann schicken Sie einfach eine E-Mail an weniger@kamaco.info und wir halten Sie auf dem Laufenden.

(Ihre Mailadresse wird nur für Mails in Zusammenhang mit unserem Angebot verwendet und wir geben diese nicht an Dritte weiter.)

WEITERE TITEL IM KAMACO-VERLAG (AUSWAHL)

Inge Dinge
Die Dinge-Diät
Leichter leben mit weniger Kram

Markus Stolpmann
WENIGER!
So entmüllen Sie Ihr Leben

Markus Stolpmann
BALKONIEN
Über 200 Anregungen für Ihren perfekten Urlaub zu Hause

Karina Matejcek
Mir geht es gut
50 Denkanstöße für mehr Lebensqualität

Gunna Wendt
Liesl Karlstadt
Ein biografischer Essay

Anna Bock
Die Entdeckung der Magierin
Roman

Verlagsprogramm: www.kamaco.info

5056273R00078

Printed in Germany
by Amazon Distribution
GmbH, Leipzig